星出版

新觀點
新思維
新眼界

我看股票線圖獲利
2,000億日圓基金經理人選股心法

**2000億円超を運用した伝説の
ファンドマネジャーの 株トレ**
世界一楽しい「一問一答」株の教科書

目錄

前言　　光靠解謎就能學到股票交易的技術　9

看懂成交量的變化

Q01　一開始要看哪裡？　17

Q02　下跌後的上漲是機會，還是陷阱？　19

Q03　買了之後就急跌！　21

Q04　雖然是往右上走……　25

Q05　挑戰實際的線圖　27

Q06　不要小看直覺　33

Q07　上漲的各種模式　37

Q08　該賣的是有獲利的股票？還是帳面虧損的股票？　39

Q09　哪支股票會漲？　41

Q10　搭上股價發動的第一班列車　43

專欄1｜簡單的心理測驗，判斷短期交易的素質　45

第 2 章　看懂移動平均線

Q11 線型緩緩上升　51

Q12 線型緩緩下降　55

Q13 好消息跟壞消息　57

Q14 差不多要漲了嗎？　59

Q15 急漲之後稍微下跌　63

Q16 剛上市不久的股票　65

Q17 評論家的意見　67

Q18 停損後突然反彈　69

Q19 移動平均線與成交量兩者都要注意　71

Q20 長期下跌後，即將開始上漲？　73

專欄2│如何掌握好時機賣股票　75

第 **3** 章　看懂K線

Q21　一日的價格變動　81

Q22　三日間的價格變動　85

Q23　長陰線與長陽線　89

Q24　日K與週K的關係　91

Q25　成交量急增！　93

Q26　吞噬K線的週K線圖　95

Q27　移動平均線與週K線圖　97

Q28　一路上漲時出現的大陰線　99

Q29　遭遇長黑，非常倒霉　101

Q30　挑戰賣空　103

專欄3│我在基金經理人時代的重大失誤　109

第 4 章 看懂線圖的關卡

Q31 線圖的關卡在哪裡？ 113

Q32 從下跌趨勢轉為上升趨勢 117

Q33 兩張線圖的關卡 119

Q34 第三次嘗試突破高點 121

Q35 急漲後的震盪 125

Q36 暴跌後的震盪 127

Q37 跌停板的處理法 129

Q38 關卡間的攻防戰 133

Q39 十個月的攻防戰 135

Q40 股價橫向持平，但是將來似乎有機會 137

專欄4│「指定價格」、「市價」下單的聰明用法 139

第5章 看懂布林通道

Q41 什麼是標準差？ 149

Q42 波動率上升 151

Q43 買入訊號後的急跌 153

Q44 未實現損失擴大 155

Q45 綜合性的判斷力 157

Q46 移動平均線與布林通道 159

Q47 大幅超越布林通道 161

Q48 再次回到布林通道中 163

Q49 停損後股價上漲 165

Q50 怎麼又到高點了？ 169

專欄5│輕鬆駕馭波動的「小額定期投資術」 171

第 6 章 分辨出是趨勢，還是箱型整理

Q51 乍看之下很像的兩張線圖 177

Q52 股價波動逐漸變小 179

Q53 急跌後快速反彈 181

Q54 急漲後急跌 183

Q55 容易出現趨勢的類型股 185

Q56 要跌到什麼時候呢？ 189

Q57 發現有不實或違法情事！ 191

Q58 營收與淨利 193

Q59 IPO後一年，股價趨勢往右下走 195

Q60 與其他同業比較 199

專欄6 了解自己的風險容忍度 203

結語 留意小型成長股的線圖 205

光靠解謎就能學到股票交易的技術

　　本書準備了60道謎題。請您一面猜謎，一面學會股票交易的致勝技術。

　　初學者就算亂猜也無妨，請您憑直覺挑戰這些謎題。在反覆答題中，自然了解怎麼看股票線圖。

　　對資深的投資朋友來說也是，不少人應該會感覺「以為自己都知道了，卻意外發現其實不是太了解。」

　　我是從事日本股票操作逾25年的基金經理人，一直操作著年金、投資信託、海外基金買賣日本股票。我曾經操作2,000億日圓以上的基金，投資績效大幅超越TOPIX（東證股價指數）。我將基金經理人時代透過幾萬次交易練就的一身「交易致勝技術」全部紮實濃縮在這本書中。

　　即使讀過厚厚的技術分析教科書，也無法成為實戰中強大的投資家，因為有很多事情沒有經過實際多次交易是不會懂的。本書利用解開60道謎題，讓讀者模擬體驗我累積數萬次的交易經驗。

■ 想用股票賺錢，就要會看線圖

　　想要看準小型成長股翻成10倍股，就必須要會看線圖。看線圖，是為了在犯錯時可以迅速停損所做的準備，這是我擔任日本股票基金經理人逾25年歷經投資無數小型成長股所得牢記於心的鐵則。

在便宜的時候買入小型成長股，順利搭上上升氣流的話，股價轉眼間變成2倍，這是常有的事。買下的個股瞬間急漲真是令人痛快，但當然也有相反的情況。大家發瘋似的買進小型股的時候，經常也會發生出現壞消息而突然急跌、股價很快就腰斬的情形。

靠買賣小型成長股賺錢的人與賠大錢的人區別在哪裡？是在選股能力嗎？

的確，選股能力很重要，但還有更重要的事：那就是看線圖的能力，以及判斷失誤時迅速停損的決斷力。

想像一下，當你在爬大樓的樓梯時，許多人帶著驚恐的表情從樓上往下跑過來，你會怎麼辦？應該會覺得：雖然不知道發生什麼事，但可能有什麼危險逼近，無論如何就一起跟著往樓下跑吧！看線圖迅速決定停損，大概就是這麼一回事。

當所有人從線圖都可以明顯看出「成長階段結束了」時，那就只有「三十六計，走為上策」了。不管是實現利益或停損都不要緊，必須趕快出手。一猶豫，所失就會擴大，必須立刻行動。

重要的是要認真看線圖，然後覺得危險的話，不論是停利或停損都沒關係，要果斷做出決定。

不用擔心「不知道怎麼看線圖」，只要抓住極為簡單的重點，就算完全不去看那些複雜的技術指標，也可以妥善做出「賣出」的判斷。請利用這本書，好好訓練自己看線圖的能力。

■ 有人數度都栽在夢幻般的成長股

　　許多小型成長股都因為價格變動大而難以掌握最好的買賣時機，特別是人氣股，因為會反覆的急漲急跌，所以要特別注意。

　　下列這張線圖描繪的是我過去買賣過的小型成長股典型的股價變動模式。這張圖是黎明期、快速成長期、成熟期這三個階段各自持續了五年的成長企業示意圖。

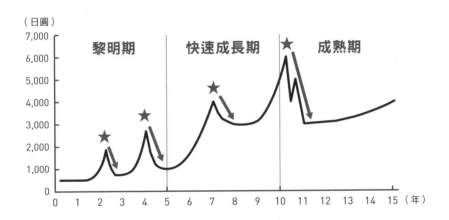

　　（1）黎明期：雖然還沒有獲利，但是此時期對將來有宏偉的夢。

　　（2）快速成長期：營收與獲利大幅成長的時期。

　　（3）成熟期：雖然獲利持續創下新高，但是年增率已經變成只有5％了。

　　這支股票在黎明期的低點（500～600日圓）買入，持續持有到快速成長期的高點（5,000～6,000日圓），那麼在

這個時點已經變成10倍股了。即使在快速成長期並未在高點賣出而長期持有，只要是在黎明期的低點買入的話，同樣能夠充分享受到股價的上漲。

但即使是像這樣夢幻的成長股，不看線圖只聽別人的推薦就盲目投資的話，也很容易會有重大損失。會這麼說，是因為很多所謂的股票評論家會推薦「這支股票很棒！」，都是發生在線圖中有星星（★）標記的時間點（這是真的）。

聽到很多好消息，在股市人氣沸騰、股價大幅上漲後的高點買下，就會像線圖上的箭頭標誌，股價轉眼間只剩一半。即便是像這樣長期上漲的成長股，投資的時機不好的話，也是很容易造成重大損失的。

不過，若是會看線圖做出停損決定，就沒有太大的問題。買下之後就暴跌的個股，很明顯就是「失敗」。失敗的話只能先撤退，觀察線圖在跌了10％左右的地方賣掉就可以了。

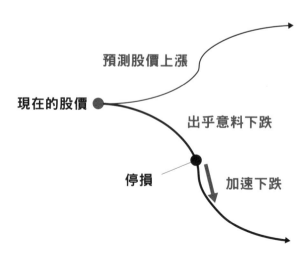

預測股價上漲

現在的股價

出乎意料下跌

停損

加速下跌

失敗的話就快逃，成功的話就繼續進攻。能夠不要猶豫就這樣單純的行動，是很重要的。

　　說起來簡單，做起來卻很難。要在實戰中學會致勝獲利的能力，就必須觀察線圖反覆訓練自己的投資判斷。

　　請你當作股票交易的模擬推演，挑戰這些謎題。透過反覆解題的過程，模擬體驗我在基金經理人時代做過的數萬次交易。

　　那麼，我們就趕快來看看買入、賣出訊號的看法及用法，從第1章開始訓練起吧。

看懂成交量的
變化

■ 成交量是人氣的指標

看股票線圖的時候，不只要看股價，也要養成同時看成交量變化的習慣，因為成交量的增減都包含了重要情報。

成交量增加，一般來說表示人氣上升。

 這點一定要記住！

- 成交量大＝人氣高
- 成交量小＝人氣低
- 成交量增加＝人氣逐步升高
- 成交量減少＝人氣逐步降低

在低檔成交量少的個股，突然成交量增加又上漲時，可能就是「買入訊號」出現的時候。有可能是有什麼利多消息出現，有人開始買了。就算不知道出現什麼消息，也可以從成交量的增加與股價的變動猜想「好像有好消息出現了」。

相反地，在高檔大量成交的個股成交量慢慢減少的時候，就是「賣出訊號」出現的時候。人氣散了，可以判斷轉為下跌的可能性高。

只不過，上述當然也有例外，成交量急增、股價卻急跌的情況就是如此。壞消息出現，投資人急著賣出的情況發生，就表示人氣快速下降。

01

一開始要看哪裡？

從這張線圖，是該買，還是該賣？

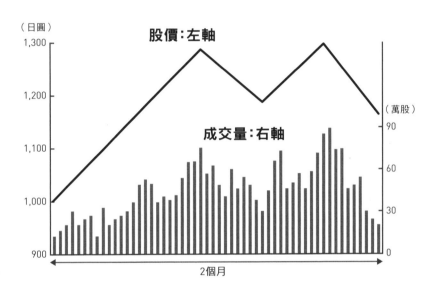

（日圓）
股價：左軸
1,300

1,200

（萬股）

成交量：右軸 90

1,100 60

1,000 30

900 0

2個月

🔑 重要觀念　**什麼是「訊號」？**

　　「光看線圖，不會知道往後的股價」，也有人會這麼
說。正是如此，看線圖的型態或成交量，是為了判斷就統
計上來說往後上漲的可能性是高或低。若在統計上約有七
成機率會上漲的線圖型態，那就是正式的「買入訊號」；
七成機率會下跌的型態，就是正式的「賣出訊號」。

　　訊號並不一定總是準確。有七成的機率正確，就表示
有三成的機率會失準，看線圖判斷就是這麼一回事。

　　從三個理由可以判斷應該要賣出。第一個理由就是已經觸及過兩個頂點天花板，第二個理由就是成交量減少，第三個理由就是創了近期新低點。

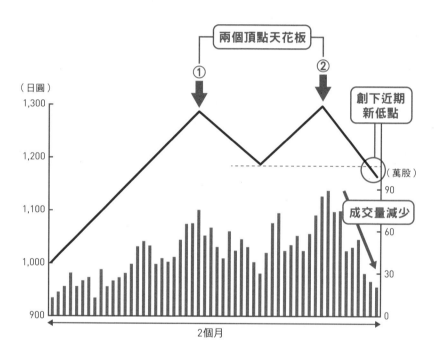

　　股價碰到第二個頂點天花板後下跌，只創下一次頂點的話，會有認為可以「搶反彈」而買入的人，但是第二次嘗試上攻失敗的話，買的人就會減少，因此成交量減少，創下波段新低點。從這裡開始，也有加速下跌的可能性。

02 下跌後的上漲是機會，還是陷阱？

從這張線圖，是該賣，還是該買？

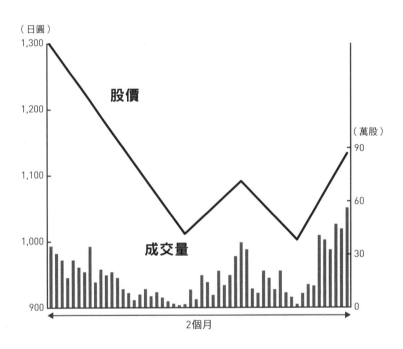

（日圓）

股價

（萬股）

成交量

2個月

(!)提示 **顛倒線圖**

　　這張線圖就是把Q1那張線圖上下顛倒過來看，成交量的趨勢也相反。

　　在Q1的線圖中，股價從高點往下跌的過程當中，成交量急速減少。這張線圖則是相反，股價從低點上漲的過程當中，成交量急速增加。

　　從三個理由可以判斷要買入。第一個理由就是已經打了第二個底，第二個理由就是成交量增加，第三個理由就是創下波段新高點。

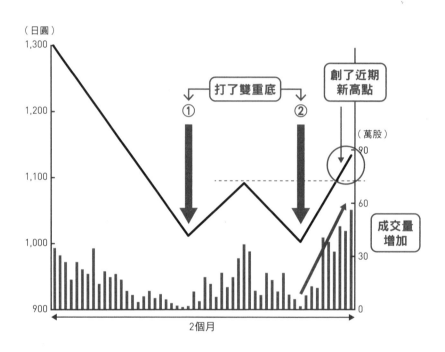

（日圓）

1,300

打了雙重底

①　　　　　　　②

創了近期
新高點

1,200

（萬股）
90

1,100

60

成交量
增加

1,000

30

900

0

2個月

　　股價是打了雙重底（W底）後往上漲的買入模式。突破頸線，超過了最近的高點，似乎接下來就要往上跳了。

　　成交量急增也是很重要的。可能有什麼好消息出現，投資人開始積極買入。

03

買了之後就急跌!

這是 Q2 的續題,在買入訊號出現的時候買了 100 股,結果就立刻急跌。

後面是該賣、還是加碼,或是再觀察看看?該怎麼辦?

買入的訊號出現,所以買了 100 股。股價下跌了,所以應該再加碼買 100 股嗎?還是因為買入的訊號出現而買入,結果卻下跌了覺得很不爽,所以趕快賣掉呢?或是因為看不大懂,所以暫時先觀察看看?

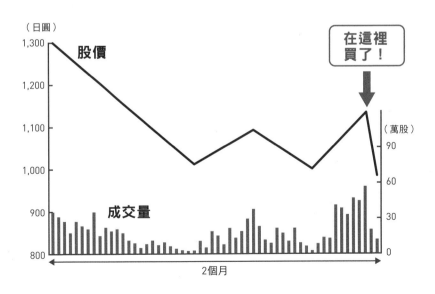

■ 越會獲勝的投資家，就懂得越早放棄

此時，只有三十六計，走為上策。再怎麼樣的買入訊號出現，只要有抵銷訊號的「強勢下跌」發生，就會變成「強烈的賣出訊號」。

只要賣出訊號出現，就只能自認倒霉放棄，把剛買入的股票立刻停損。如果能夠做到這件事，你就是相當厲害的高手。承受打擊卻什麼都不做的，就是初學者。

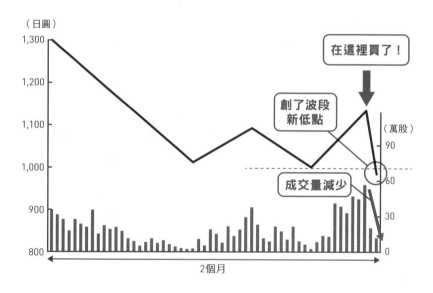

因為成交量減少、更新了近期低點，放著不管的話，或許會從此開始加速下跌。更糟的是逞強加碼買入，因為接下來的下跌受到更大的損失。

■ 即便如此，線圖的訊號也是有用的

「明明在買入訊號出現時買入，竟然必須立刻停損……線圖的訊號真是太靠不住了！」你會不會這麼想呢？

線圖的訊號就是這麼一回事，有七成準確的機率就已經是很棒的訊號了。失準的時候，只要懂得果敢停損就可以了。

即便如此，看線圖的訊號買賣還是有意義的。在準確率七成的買入訊號出現時買入，然後就這樣隨著股價上漲就能獲利。如果有三成的機率失準、變成下跌的話，趕快停損就好。

以七成準確率模式的線圖多次反覆嘗試下來，長期來說應該能夠累積利益。

靠當沖來累積獲利而成為「億人」（擁有一億日圓以上金融資產的人），就是明白這一點而能夠持續實行的人。

■ 連續兩次以七成準確率的訊號買賣，準確率達49%

下列是連續兩次以七成準確率的訊號買賣的結果。

	第1次	第2次	準確率
情況1	◎	◎	49%
情況2	◎	✕	21%
情況3	✕	◎	21%
情況4	✕	✕	9%

（◎為準確 ✕為失準）

連續兩次訊號準確的機率只有49％（約一半），也就是說即使是以七成準確率的訊號買賣，應該知道兩次當中會有一次失準。即使訊號失準，也請你要想著「這是常有的事」。

 這點一定要記住！

- 無論是怎樣的買入訊號，之後一旦出現抵銷訊號的強烈下跌，就會變成強烈的賣出訊號。
- 無論是怎樣的賣出訊號，之後一旦出現抵銷訊號的強烈上漲，就會變成強烈的買入訊號。

大約在兩個月前，以1,100日圓買入下列這張股票100股，立刻就上漲了。但不久後，股價就開始漲不大上去了。

接下來要賣、還是加碼，或是再觀察看看？該怎麼辦？

用1,100日圓買入的股票，目前的價位是1,264日圓，比買入的價格高了164日圓，屬於「未實現利益」的狀態。在未實現利益還沒快速消失之前，是不是實現利益賣出比較好？

還是在這裡要考慮趁勝追擊加碼買入？或是因為看不明白，所以先觀察情況？

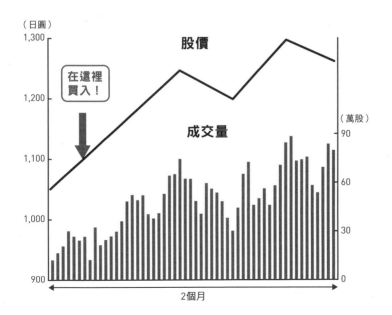

第 1 章　看懂成交量的變化

　　股價的高點跟低點都是往上走，維持著上升趨勢。成交量也維持著高水準，人氣並未下滑，在這裡賣了就可惜了。

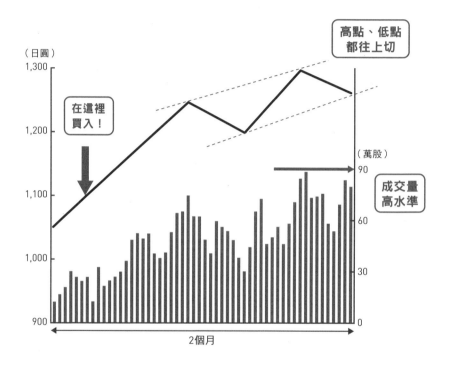

■ 越是初學者往往越容易做的事

　　漲了一點就馬上賣掉，這是散戶投資人、初學者的壞習慣。相反地，跌到比買入價格低的時候，被套牢不賣、長期持有，也是初學者的壞習慣。

看這張圖，是該賣、該買，還是再觀察看看？該怎麼做？

終於要加入實戰了。下列是從過去曾經持有過的某檔個股在一年三個月之內的股價所繪製出來的線圖，個股名稱及時間姑且不表。

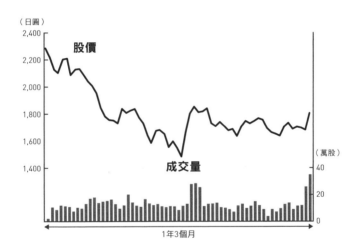

（日圓）
2,400
2,200
2,000
1,800
1,600
1,400

股價
成交量

（萬股）
40
20
0

1年3個月

🔑 重要觀念 **先入為主的想法，會使投資判斷混亂**

將個股名稱與時間隱藏起來，是為了讓大家可以單純看線圖判斷。在實戰中看線圖時，要如何排除先入為主的觀念、純粹只看線圖，是極為重要的事。「擁有最先端的生物科技，這是一家非常厲害的企業」，如果有這樣先入為主的觀念，就算有明確的賣出訊號出現，有時也會選擇視而不見。

■ 記住三角形收斂型態

　　我出題的這張線圖，是從「三角形收斂」的收斂尾部開始，股價氣勢如虹地往上噴出。成交量也大幅增加，成交量就是人氣的指標。可能是突然出現人氣，股價開始上漲了。

　　實際上，股價就如下列這張圖，在那之後大幅上漲了。

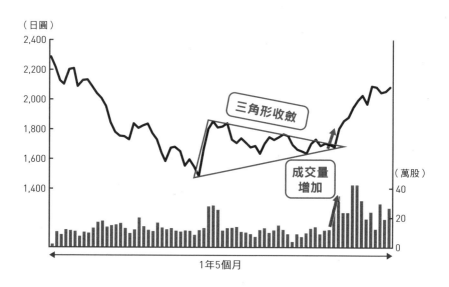

　　在這裡判斷要「買入」，最重要的根據就是成交量的變化。成交量急速增加，意思就是可能有許多投資人基於某種情報而覺得「好！來買」而開始買入。應該跟著這個趨勢走。

　　如果成交量並未增加，只是股價上漲的話，就不能說

是值得信賴的買入訊號。因為「三角形收斂向上」，也經常會有假動作。賣出甚少的情況下，只是剛好股價上漲而已，未來賣出的人增加，股價或許就會下跌了。

不過，這張線圖中的成交量急增，很明顯應該是有什麼好消息出來了。而且，成交量急增的時日尚淺，因此出現的好消息應該是新的。如果是這樣的模式，跟著買入就會有七成以上的勝率。

■ 因三角形收斂型態而產生的投資人心理

仔細看股價線圖的話，就會發現到處都是三角形。我出題的是超特大的三角形收斂，其他常見的還有以一週或數日為單位的三角形收斂。在一天的價格變動中，也常形成小的三角形。

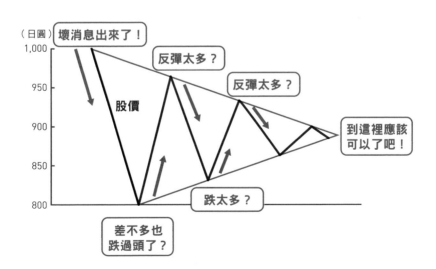

三角形會出現的理由很簡單。

（1）行情永遠會走過頭

（2）一面來來回回，一面在找收斂的點

（3）如此就會導致三角形的形成

■ 三角形收斂的心理戰

在三角形收斂型態的交易中，究竟是多方占優勢、行情往上噴，還是空方占優勢、行情往下掉？必須忍耐，等到情勢比較明朗，在多方或空方某一方優勢明朗化的那個瞬間跟上趨勢才行。

絕對不要有先入為主的預設想法，必須忍耐等到趨勢出現。這很像戰國時代，被稱為一分天下之戰的關原戰役的心理戰。

結果是由率領關東軍的德川家康勝利。雖然德川家康決定性地取得了天下，但是當時的狀況是直到最後關頭，都很難判斷究竟誰會勝出。

在該戰役開始前幾個月，諸侯便朝夕活在強烈的心理戰之中。要是押了輸的那方就是等待滅亡，直到最後關頭都必須預測究竟誰會贏。

吉川廣家雖然押了西軍，卻也向德川家康送出支持的書狀，兩邊押寶。真田信幸、幸村兩兄弟為了謀求家族的存續，分為東西兩軍。押了西軍的幸村雖然失去了家，但是跟著家康的信幸，使得真田家存續至江戶時代。

關原之戰當初是朝著對西軍有利的方向前進，卻因西軍的小早川秀秋背叛而終結於東軍的勝利。脇坂、朽木、

小川、赤座等大小諸侯，雖以西軍的身分站在前線，但在東軍取得優勢的瞬間倒戈向東軍。大家都是為了生存下去而拚命。

在金融市場中也是一樣，當是多方贏、還是空方贏，完全預測不出來的膠著狀態「三角形收斂」出現時，在看清楚哪一方會獲勝之前，不要有動作是鐵律。在看出哪一方會獲勝的瞬間──往上噴還是往下掉的那瞬間，就是跟上趨勢賺錢的好機會。

看這張圖，是該賣、該買，還是再觀察看看？該怎麼做？

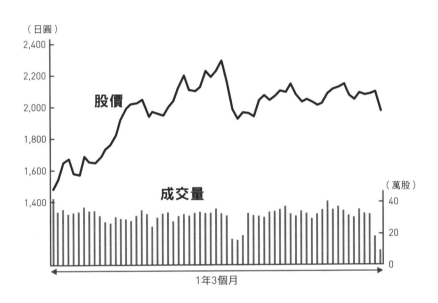

（日圓）

2,400
2,200
2,000
1,800
1,600
1,400

股價

成交量

（萬股）
40
20
0

1年3個月

🔑 重要觀念　**讓右腦動一動！**

我們的大腦，左腦與右腦有不同的作用。左腦主要負責語言、計算、理論性思考，右腦主要負責的是直覺、想像、靈感。

在股票投資中，很重要的是左腦與右腦均衡良好地發揮作用——閱讀各種財務報表、預測將來的獲利進行買賣是左腦的工作，從線圖來預測股價走勢是右腦的工作。

各位是右腦派，還是左腦派呢？

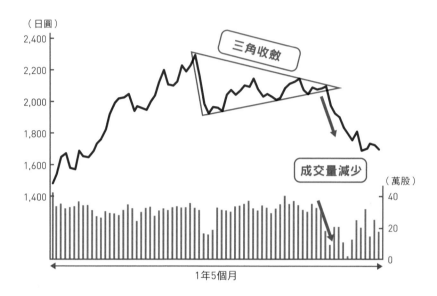

（日圓）

2,400

2,200

2,000

1,800

1,600

1,400

三角收斂

成交量減少

（萬股）

40

20

0

1年5個月

　　出題的這張線圖，從三角收斂的尾部開始，股價就砰的應聲跌落。成交量急縮，成交量是人氣的指標。可能有什麼壞消息出現讓多方消失，這時又有急忙跑出來賣股的投資人，股價在那之後進一步大幅下跌。

　　不能只用右腦隨便看看就採取行動，線圖中表現了「投資人的心理＝右腦的判斷。」就算左腦說應該要買，若有強烈的賣出訊號出現，就表示或許有許多投資人的右腦都說要賣。「雖然大家都說這是一支很棒的股票，但總是覺得有什麼不祥的預感」，那就是當大家都曾經狂熱的成長股要崩塌的瞬間。

　　我想，已經有人發現了，這張線圖就是Q05的線圖上

下逆向發展的「顛倒圖」。上下顛倒過來的話，賣跟買的
判斷也會相反。

A公司、B公司、C公司，要買的話要買哪檔？

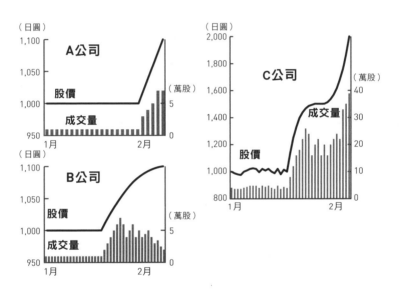

🔑 重要觀念　**一口氣看許多線圖的訣竅**

　　我在擔任基金經理人的時代，每週六日都會打開新的線圖本（週K合集），把東證一部所有個股的線圖都看過。由於看過大量的個股，因此一檔股票只消幾秒鐘，就可以很快做出投資判斷，做出買（○）、中立（△）、賣（×）三個階段的評價。公司名稱、社會名聲或業績完全都不列入考慮，只用股價跟成交量來判斷。在上列A公司、B公司和C公司的線圖上，我會畫○的只有一家。如果你看到有這種線圖走勢的公司，週一開市可以買一點看看。

■ 搭上股價急漲發動的第一班列車！

　　我最信賴的買入訊號是「急漲啟動時的第一步」。長期以來成交量少、價格缺乏波動的個股，突然間成交量急增、急速上漲的時候，就是最值得信賴的買入時機。Ａ公司的股票就是這樣的狀態。

　　Ｂ公司和Ｃ公司的也是，如果在急速上漲時一起動作，在成交量急增的時候買入，就是絕佳的買點。但是，事到如今，已經遲了。

　　仔細看，Ｂ公司的成交量減少、人氣潰散，Ｃ公司則是人氣過熱、短期上漲率過高，開始出現高價警戒感的時候。

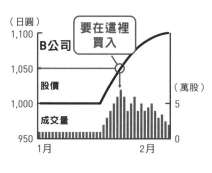

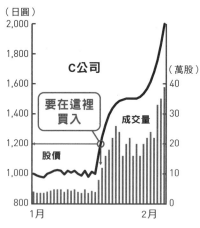

該賣的是有獲利的股票？
還是帳面虧損的股票？

　　D公司與E公司的股票，都是在1,300日圓時買了100股，股價的變動如下。現在突然需要資金，必須賣掉一檔。

要賣的話，是賣掉D公司或E公司哪家的股票才好？

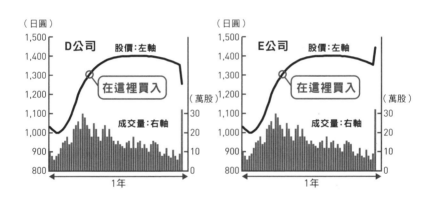

提示　是先停損，還是先實現獲利？

　　兩者買入都是在大約一年前，股價1,000日圓時出現了某種好消息，成交量一面開始增加，股價同時急漲。但是，好消息已經反應在現在的股價當中，在股價接近1,400日圓時成交量減少。然後，當股價變動少了的時候，兩者都突然成交量急增，但D公司的股價是急跌，E公司的股價是急漲。

　　D公司的股價下跌到1,250日圓，因此在這裡賣掉就是停損（實現損失）。E公司的股價則是漲到1,450日圓，因此在這裡賣掉則是停利（實現利益）。

第1章　看懂成交量的變化

A.08　該賣的是 D 公司的股票

■ 伴隨著成交量的急跌，是強烈的賣出訊號！

　　「成交量是人氣的指標」，「成交量增加表示人氣上升」，這些我在前文中已經說過，但是也有例外。

　　D公司就是例外。在高檔成交量增加的同時，股價卻急跌的D公司，股票交易的判斷是「賣出」。很可能是掌握了什麼壞消息的投資人，慌慌張張地開始賣。估計之後壞消息廣為人知的話，轉為賣出的投資人就會增加了。

　　至於E公司的股票，則是成交量增加表示人氣上升。可能是有什麼好消息出來，投資人急著趕快買。最新的股價已經突破波段高點，可以期待接下來可能進一步上漲。

■ 投資獲不獲利的主要差異

　　散戶投資人大多數最難改過來的壞習慣就是「一漲上去就立刻想賣，一跌下來就抱著不賣。」很多人會在需要資金的時候，果斷賣掉漲上去的E公司股票，持續抱著下跌的D公司股票。結果就是：賣掉了有好消息的股票，卻一直抱著出現壞消息的股票。

　　出現壞消息而急跌的股票，就算是停損也應該賣掉，不該想著要等到回到自己買入的價格時才賣。

09

哪支股票會漲？

F公司和G公司的股票，要買的話要選哪支？

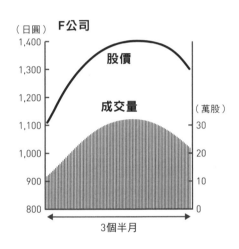

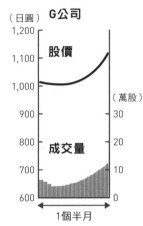

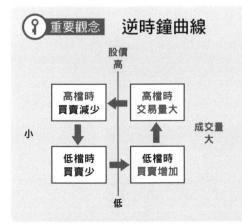

重要觀念 **逆時鐘曲線**

股價反覆上漲下跌時，成交量會如左圖增減。其變動以逆時針方向居多，故稱為「逆時鐘曲線」。

　　G公司看來似乎是有什麼好消息出現，隨著成交量增加，股價也開始上漲。至於F公司的股票則是人氣潰散，成交量減少，股價開始下跌。

　　下列是F公司和G公司的股價及成交量的變動，跟「逆時鐘曲線」完全吻合的部分線圖。

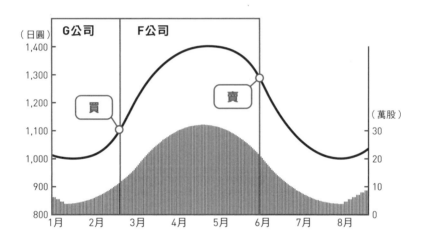

　　判斷要在高檔成交量增加的地方「買入」，在高檔成交量開始減少的地方「賣出」。

H公司、I公司和J公司的股票，要買的話要選哪支？

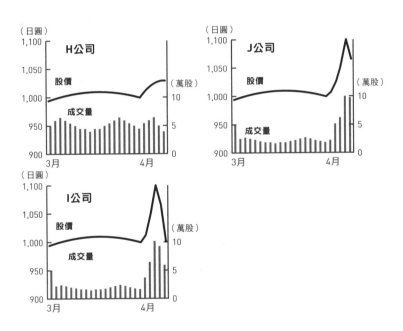

> ⓘ提示　**股價會對好消息做出反應嗎？**
>
> 　　看懂線圖，就是從股價的波動中讀取「自己不知道的情報」。三家公司在3月中的股價都膠著在1,000日圓上下，很可能沒有好消息，也沒有壞消息。然而進入4月後，三家公司的股價都上漲了，有可能出現好消息。股價才剛開始發動一週，因此可以說4月出來的好消息是新的消息。

■ 急漲之後的下跌，要怎麼看？

看了三張線圖之後，我的投資判斷是：H公司「再觀察看看（什麼也不做）」，I公司「賣出」，J公司「買入」。

雖然H公司4月股價有上漲，但是真的只有一點，成交量並未增加，並沒有特別值得關注的利多消息，未來股價猜測也不會有太大的變動。

I公司雖然好像有什麼好消息出來，一部分投資人飛奔搶進，但是很快又賣出，使得股價被打回原來的價格。成交量雖然一度增加，但是很快又減少了，這就是說或許4月出來的消息是假情報。以1,100日圓買下I公司股票的投機操作，後悔買得太快，未來可能停損賣出。

至於J公司的股票，在進入4月後股價急速上漲，實現利益之後股價稍微下跌了，但是成交量並未減少。上漲的勢頭仍然維持著，預計接下來剛出的好消息獲得好評後，可望持續看多。

■ 只要不跌破漲幅的一半，上漲趨勢就仍然維持住

一般來說，股價急速上漲後的下跌，只要維持在比上漲幅度一半還少的區間內，可以看成上漲趨勢仍然持續。

例如，從1,000日圓漲到1,100日圓的J公司股票，漲幅的一半就是1,050日圓。只要股價不跌到1,050日圓以下，就可以看成上漲趨勢仍然持續。

簡單的心理測驗，判斷短期交易的素質

　　透過簡單的心理測驗 20 題，來判斷你有沒有短期交易的素質。沒有做過交易的朋友，也可以想像自己「如果做過的話」，請以「是」或「否」回答所有的問題。

① 你認為自己有短期交易的素質嗎？（是；否）

② 你是野性的直覺跟第六感比較靈的那種嗎？（是；否）

③ 你是容易被假訊息欺騙的人嗎？（是；否）

④ 你是否熟知看穿假訊息的訣竅？（是；否）

⑤ 你是否曾經為了無法決定買賣而猶豫數日？（是；否）

⑥ 你算是有決斷力的人嗎？（是；否）

⑦ 短期交易讓你覺得開心嗎？（是；否）

⑧ 你很擅長找到好的股票標的嗎？（是；否）

⑨ 對於判斷失敗的個股，你可以迅速停損嗎？（是；否）

⑩ 你會為了曾經的失敗，一直懊惱個沒完嗎？（是；否）

⑪ 對於股價線圖要怎麼看，你是否略有理解？（是；否）

⑫ 急漲的股票，你可以賣在最高點嗎？（是；否）

⑬ 急跌的股票，你可以買在最低點嗎？（是；否）

⑭ 就算一直失敗，你仍然可以繼續相信自己嗎？（是；否）

⑮ 如果一直獲勝，你會不會就變得輕忽、疏於防守？（是；否）

⑯ 腦子一熱起來，你會不會就分不清楚是前是後？（是；否）

⑰ 你對流行的事物，是不是比別人更敏銳？（是；否）

⑱ 你的預測是不是常常很準？（是；否）

⑲ 你的預測經常失靈嗎？（是；否）

⑳ 你覺得自己能靠股票交易變成億萬富翁嗎？（是；否）

■ 心理測驗的計分方法與解說

- 「①・②・④・⑥・⑦・⑧・⑨・⑪・⑫・⑬・⑭・⑰・⑱・⑳」這幾題回答「是」的人，每一題得5分。
- 「③・⑤・⑩・⑮・⑯・⑲」這幾題回答「否」的人，每一題得5分。

　　請將所有分數加總起來。在100分滿分當中，你得了幾分？

　　分數不高的人也不用失望，因為測試的結果只是表示你的自信程度而已，完全只是你對自己的評價，不一定代表實際的能力。這是為了讓過度自信的人與過度沒有自信的人提醒自己的心理測驗。

■90分以上的人要注意

　　你有可能過度自信。如果自信多到可以拿90分以上的人，請你注意冒過多風險失敗時動彈不得的危機。

　　長年累月一直靠交易賺錢的人，越是會說：「市場很難。」股市經常發生無法用道理說明的情況，對市場抱持著謙卑的態度進行交易吧。

■30分以下的人要注意

　　30分以下的人問題在於太沒自信。沒有自信，就無法做決策，容易被他人說的話影響，往往優柔寡斷。

■35分以上、85分以下的人均衡良好

　　一般對市場行情抱持著均衡的自信與謙虛。我自己是75分。

第 2 章

看懂移動平均線

■什麼是移動平均線（MA）？

移動平均線充滿了許多有用的情報，日股的移動平均線有5日平均線（週線）、25日平均線（月線）、13週移動平均線（季線）、26週移動平均線（半年線）等。5日均線或25日均線是用在短期交易上，13週均線、26週均線則是用來觀察中長期的趨勢。

什麼是「移動平均線」（均線）？我們舉5日移動平均線為例來說明。

	8/1（一）	8/2（二）	8/3（三）	8/4（四）	8/5（五）	8/8（一）
股價：日圓	1,000	1,010	1,020	1,030	1,040	1,050
5日移動平均					1,020	1,030

這張表顯示的是連續六個營業日的股價與5日移動平均，5日移動平均就是過去五個營業日的股價平均值。

- 8/5的5日移動平均＝
  （1,000+1,010+1,020+1,030+1,040）÷5 ＝ 1,020
- 8/8的5日移動平均＝
  （1,010+1,020+1,030+1,040+1,050）÷5 ＝ 1,030

5日平均線，就是將這樣計算出來的5日移動平均價格的變化連成線，畫進股價線圖中。

在本書，我會使用13週移動平均線（季線）、26週移動平均線（半年線）來分析中長期的趨勢。有意持有買入的

股票至少一週以上的人，我會分享有用的移動平均線看法。

　　至於想要做更短期交易的人，請將本書出現的13週、26週移動平均線，想成是5日、10日平均線，基本的看法是相同的。

11 線型緩緩上升

下列這支股票，在三個月前以 850 日圓買了 100 股，現在股價上漲到 920 日圓。

在這裡，是要賣、要加碼，還是再觀察看看？該怎麼辦？

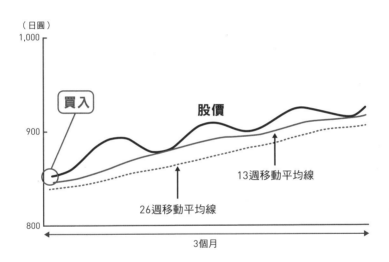

（日圓）
1,000

買入

股價

900

13週移動平均線

26週移動平均線

800

3個月

🔑 重要觀念　**13 週與 26 週**

13 週移動平均，就是過去 13 週（約三個月）的股價移動平均線。26 週移動平均，就是過去 26 週（約六個月）的股價移動平均線。

有些線圖會標示 100 日移動平均線與 200 日移動平均線。13 週約為 90 天左右，26 週約為 180 天，因此 100 日、200 日移動平均線，可以看作是比 13 週、26 週移動平均線時間略長一點的平均線就可以了。

　　13週、26週移動平均線同時持續緩緩上升，因此不應該逆勢操作，就這樣繼續持有或是加碼吧！不該在這裡賣掉。

■ 股價與移動平均線變化的差異

　　給大家參考一下，請看下列軟銀集團在2018年～2019年的股價變動。股價雖然因為短期的消息面而上下震盪，但是代表企業長期價值的26週移動平均線，則是緩緩地變動，股價並沒有太激烈的變化。

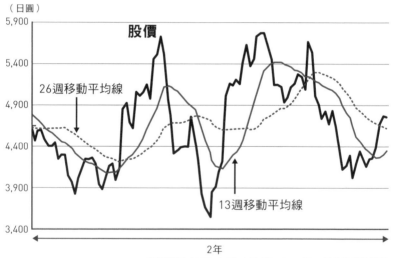

軟銀集團（9984）2018年1月～2019年12月的股價走勢圖

　　股價會因為反應短期的消息而變動，但往往都是「過度反應」。好消息出來的話就容易「漲過頭」，壞消息出來的話就容易「跌過頭」。

相對於此，移動平均線則是緩緩變動，比急漲急跌的
股價波動來得小。

12

線型緩緩下降

下列這支股票，在三個月前以950日圓買入100股，股價現在跌到890日圓。

在這裡，是要賣、要加碼，還是再觀察看看？該怎麼辦？

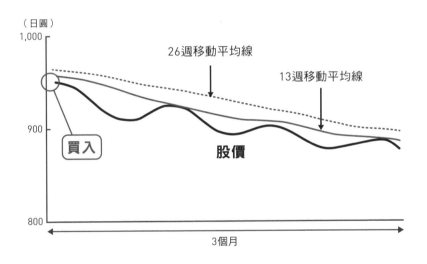

（日圓）

1,000

26週移動平均線

13週移動平均線

買入

股價

900

800

3個月

🔑 重要觀念　**移動平均線是企業價值的變化**

看著上一題軟銀集團的線圖，請再次思考移動平均線的意義。

移動平均線是平緩的變動，13週移動平均線反映的是三個月的變化，26週移動平均線則是反映著約莫六個月的企業價值變化。均線不像股價那樣上下震盪，它的變動可以認為是更貼近企業價值的變化。

■ 不要逆勢操作

　　由於13週、26週移動平均線，都是持續緩緩下降，不應該逆勢操作。如果繼續抱著，將來未實現的損失可能增加。不論是停損或停利，都應該趁機賣出持續下行趨勢的股票，改作其他可以期待股價上漲的個股。

　　正如前文說的，13週、26週移動平均線，是反映長期企業價值變化的緩慢變動。從這兩條線都持續緩慢下降來看，可以想像這支個股的事業狀況，或許是一點一點地在惡化當中。

　　股價目前並沒有過度反應，跟移動平均線差不多，以同樣的速度在下降。若是下跌得有點多，和移動平均線的差距拉開，也會立刻彈回13週移動平均線附近。

　　然而，像這樣的緩步下降，股價緩緩下跌，持續了三個月的時間這麼長，肯定會有投資人越來越焦慮。只要時間到了，差不多就會有人為了處理而拋售股票。這麼一來，下跌就會加速。

　　這絕不是很強勁的賣出訊號，卻是你不會想要續抱的股票線圖。

13 好消息跟壞消息

　　財務狀況良好的K公司，是過去十年來連續創下獲利新高的成長型IT服務企業。在日本國內已經賺取了許多利潤，在美國的事業卻是赤字。本期，因為從赤字的美國事業撤退，認列了特別損失。在發布了上市以來最終損益轉為第一次赤字後，股價急跌。

　　另一方面，L公司是在東證創業板MOTHERS上市的生技企業。在發布了將展開基因治療的研發工作後，股價急速上漲。

K公司和L公司的股票，要買的話選哪支？

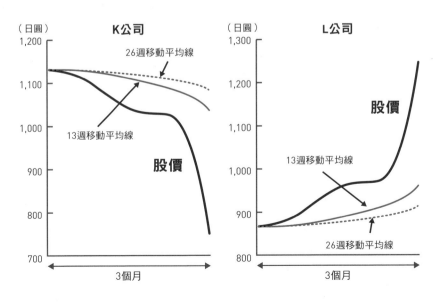

A.13　要買的話，選K公司的股票買入

■ 要看13週移動平均線的乖離率

　　請仔細看K公司的移動平均線，在三個月前明明還是持平的，後來開始慢慢往下走。在不要逆勢操作的情況下，像這樣的股票原則上是要「賣出」，不應該買入。

　　但是，也有例外。股價對壞消息過度反應急跌，移動平均線的下方乖離率變得過大時，跌過頭的「跌深反彈」值得期待。K公司的股價距離13週移動平均線於25％之下。

　　我認為，在這裡試著少量買入是可以的。雖然是看準了搶短線反彈，即使是長期投資，在這裡也是可以稍微買一點的地方。本期已從財務赤字的美國事業撤退了，因此對下一期之後的獲利擴大有所期待。

　　L公司雖然有夢，但是未來能否在基因治療的研發上取得成功、獲得收益還未可知。就算研發成功了，實際上獲得利潤，往往還要好幾年的時間。期待遙遠將來的夢想實現，股價在短期內急漲，乖離率已經距離13週移動平均線之上擴大到25％了。L公司的股票正在熱頭上，因此可以賣掉。

　　K公司的股價走勢，是日本成長型IT企業經常看到的案例。在國內賺取高收益、正在成長，在海外卻持續赤字的模式。即使在國內很強，在海外也不通用，非常遺憾。

14 差不多要漲了嗎？

下列兩者都是13週移動平均線正在由下往上穿越26週移動平均線、出現「黃金交叉」的時候。

M公司與N公司的股票，要買的話要選哪支？

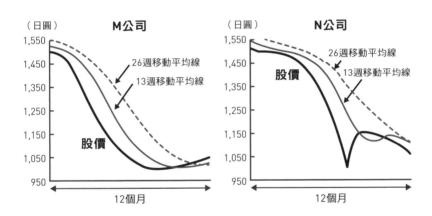

🔑 **重要觀念** **什麼是「黃金交叉」？**

當短期移動平均線從下往上穿越長期移動平均線的時候，就稱為「黃金交叉」。大多會出現在股價的上漲基調慢慢增強的時候，因此是「買入訊號」。只不過，黃金交叉的假訊號也很多，我不會只相信這個就貿然行動。

5日移動平均線與25日移動平均線創造出的黃金交叉是短期訊號，在短期趨勢轉變的時候經常出現。13週移動平均線與26週移動平均線創造出的黃金交叉是中長期訊號，在中長期趨勢轉變的時候出現。

■ 移動平均線是「往上」，還是「往下」？

　　M 公司和 N 公司的股價走勢，都是出現 13 週移動平均線由下往上穿越 26 週移動平均線，出現黃金交叉，只是兩家公司有明顯的不同。

　　M 公司的是 13 週移動平均線和 26 週移動平均線，都是轉為向上的「完全黃金交叉」。N 公司的是 13 週移動平均線和 26 週移動平均線，都是往下的「不完全黃金交叉」。

　　M 公司的股價止跌後，花了許多時間打底，然後逐漸緩慢轉為上升趨勢。下跌時的壞消息，已經是「過去的事」，看來是有新的好消息陸續出現。

　　N 公司的股價雖然從低點起有一時的反彈，但是未經過充分時間打底，26 週移動平均線是向下的，下跌趨勢可能仍在持續。

■ 無數的黃金交叉

　　「黃金交叉出現的時候就買」，這是很容易懂的訊號。但是，我不大會只看黃金交叉出現就決定買賣，因為有時不知道該看哪條移動平均線來判斷黃金交叉。

　　右頁這張線圖，就是下跌趨勢結束，股價打了底、轉為上升的線圖。移動平均線畫了很多條，5 日、10 日、15日、20 日、25 日、30 日，總共有六條移動平均線。

　　這裡出現了很多個黃金交叉。5 日線由下往上穿越 10

日線的黃金交叉最先出現，最後出現的是25日線與30日線
的黃金交叉，最早的與最晚的有20天的差距。

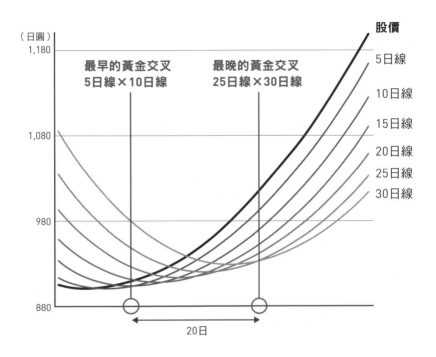

■ 移動平均線的期間太短或太長都不行

　　像這樣很實在地「從平緩上升，開始慢慢加速」的線
圖，買在哪一個黃金交叉出現時都會上漲。如果是像這樣
簡單的線圖，期間短的移動平均線出現的較早訊號，就勝
於期間較長的移動平均線出現的較晚訊號。

　　只是，現實中像這樣整齊加速上升的線圖是極少見
的，經常有看起來好像要漲上去了，卻在途中斷了氣轉為
下跌的個股。在太早的訊號出現時就買入，很容易會遇到
這種假訊號。

上升速率加快，空單減少、多單開始增加的時候買入，比較不會遭遇假動作。因此，可以說看期間比較長的移動平均線較慢出現的黃金交叉比較好。但如果又只看長期間的移動平均線，訊號出現得太慢，股價或許已經漲完了。也就是說，太早跟太晚的訊號都不好。

■ 每檔個股都有自己的股性

上下震盪激烈的個股，就適合看短期移動平均線出現的訊號。至於股價永遠都是平緩變動的個股，就適合看長期的移動平均線。個股都有自己的股性，不同個股要看不同的移動平均線比較好。

為了培養交易直覺，也有做當沖的交易人每天都會反覆用同一檔個股交易。軟銀集團或任天堂，都是交易人喜歡買賣的個股。

急漲之後稍微下跌

下列兩者都是一年前以1,000日圓的價格買下100股之後股價急速上漲，一時之間股價還來到1,500日圓，非常高興。然而，最近股價有點下滑了，兩者都出現了13週移動平均線從上方往下穿越26週移動平均線的「死亡交叉」。

O公司與P公司的股票，要賣的話要選哪支？

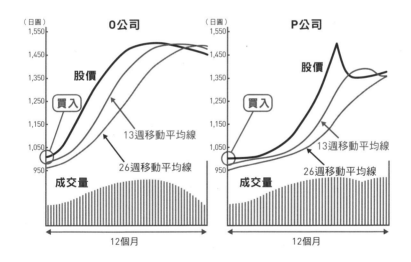

🔑 重要觀念　**什麼是「死亡交叉」？**

當短期移動平均線由上往下穿越長期移動平均線，就叫做「死亡交叉」。由於大多出現在股價慢慢下滑的基調開始增強的時候，所以是「賣出訊號」。但是，光看死亡交叉也會有假訊號，我同樣不會只信賴這個訊號。

■ 移動平均線轉為「向下」，成交量也減少

　　O公司股票的13週移動平均線、26週移動平均線都逐漸轉為向下，成交量也減少很多。成交量是人氣的指標，因此知道人氣已經潰散，接下來有可能加速下跌，因此賣掉比較好。

■ P公司的股票現在不用賣

　　你是不是想把O公司和P公司的股票都賣掉呢？為了不讓未實現利益消失，只要股價一上漲，很多人似乎就很想趕快把股票賣掉。

　　P公司的26週移動平均線是往上的，成交量仍然維持在高水準，上升趨勢並未崩壞。這樣的股票可以暫時不用賣，想要大賺一筆，經常有必要長期持有。股價或許會變成2倍的個股（漲幅100％），在只漲了20％或30％的時候就賣掉就賺不到大錢。

　　「一漲上去就馬上賣，跌下來卻一直抱著」，「實現利益很快，停損卻很慢」，這通常是散戶投資人、初學者的壞毛病。「停利要慢，停損要快」，想要成為投資獲利高手，就要懂得掌握這一點。

16

剛上市不久的股票

Q公司跟R公司都是從事革新式IT服務的高成長型企業。六個月前在東證創業板MOTHERS上市的時候，反映了投資人的高度期待，上市價格達到超過申購價格5成以上的高點。然而，由於上市價格太高，在高點後股價大幅下滑，但營收、獲利都如預期成長。等穩定之後，Q公司和R公司的股票，都會是想要投資的標的，因此看了兩家公司的線圖，如下列所示。

Q公司與R公司的股票，要買的話要選哪支？

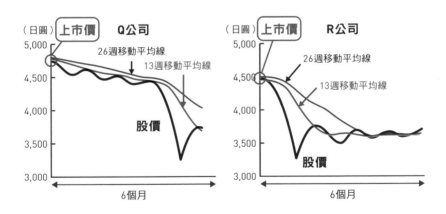

> 🔑 **重要觀念** **IPO（新上市股票）用上市價買入不划算**
>
> IPO價格買到高點的機率很高，請留意這一點。成長期待越高，上市價格往往就越容易漲到異常的高點。我在擔任基金經理人的時代，都是在成長期待高的IPO上市經過半年到一年後，股價從上市價格大幅下滑時才開始買。

■ 若買移動平均線向下的Q公司，時間尚早

　　Q公司與R公司兩者一樣，在上市價格之後股價開始下滑，但仔細看，跌的方式不一樣。

　　Q公司的股票在上市價格之後，股價一路持續下滑，約莫兩個月前急跌觸底。開始反彈後只經過一個月的時間，因此13週、26週移動平均線都還是往下，也有可能再次下滑。

■ 移動平均線逐漸轉為往上的R公司可以買入

　　R公司的股票在上市之後立刻急跌觸底，開始反彈已經過了五個月左右。在低檔花了足夠時間打底，這期間中原本向下的移動平均線轉為橫向持平，進一步逐漸變成往上。此時，有開始加速上升的可能性，因此可以買入。

■ 留意盤整還沒完成時買入

　　急跌後時日尚淺的狀態，我們稱為「盤整尚未完成」，Q公司的股票就是如此。在高價買入的投資人很容易認賠殺出，用比買入時更低的價格賣出股票，因此股價被壓抑著。

　　R公司的股價在急跌之後，已經經過一段時間盤整完成。反彈賣出（下跌的股票轉為上漲時，在回到買入價格時賣出）的壓力可能比較小。

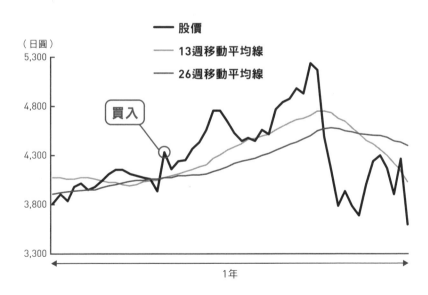

Q 17 評論家的意見

以 4,300 日圓買下以成長股之姿受到期待的個股，股價之後一時之間漲到了 5,250 日圓、非常開心，卻突然出現了壞消息急跌。轉眼間，股價下跌到 3,600 日圓。

正在煩惱該怎麼辦的時候，聽到著名的股票評論家說，這檔個股「壞消息是一時的，這是絕佳的買點。」

接下來，是該賣、加碼，還是再觀察看看？該怎麼辦？

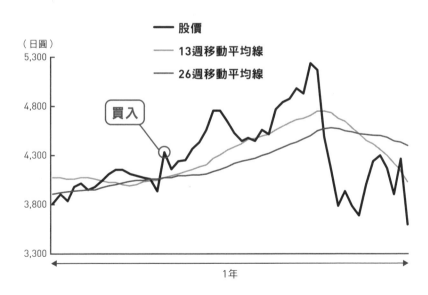

（日圓）

—— 股價
—— 13週移動平均線
—— 26週移動平均線

5,300

4,800

買入

4,300

3,800

3,300

1年

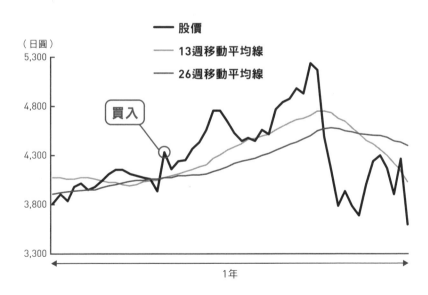

　　這家公司真實存在。應該賣的理由，在線圖上出現了很多訊號。後來，股價就像下列這樣演變，評論家的意見靠不住。

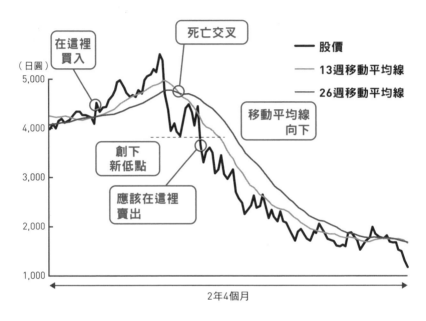

　　散戶投資人、初學者一開始就必須正視的事情有兩件。

（1）股價上漲的個股，不能立刻賣掉（會損失賺錢機會）

（2）股價下跌的個股，不該一直抱著（會擴大損失）

　　「停損要快，停利要慢」，請謹記在心。同樣的話我反覆講過好幾次，因為要成為投資獲利高手，這是非常重要的事。

18 停損後突然反彈

下列這張線圖的個股，從一年前就已經持有200股了。眼看著股價一直輾轉下跌，於是在430日圓時停損了100股。之後，股價一時跌到了335日圓，然後從那時起，股價就快速反彈，現在已經漲回500日圓。

那麼，是該賣、加碼，還是再觀察看看？該怎麼辦？

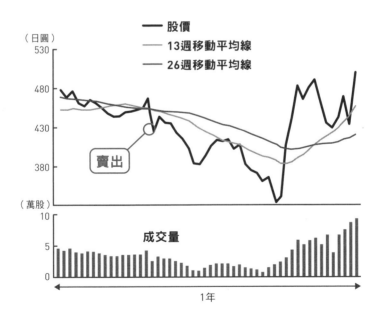

（日圓）
| 股價 |
| 13週移動平均線 |
| 26週移動平均線 |

530
480
430
380

賣出

（萬股）
10
5
0

成交量

1年

「在430日圓賣掉的股票，如今不可能用500日圓再買回來！」，應該很多人會這麼想吧。然而，在這張線圖上，已經出現了很多應該加碼的理由。

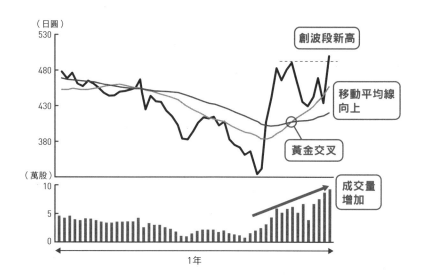

這張線圖就是Q17的上下顛倒版。上下顛倒的話，投資判斷也是相反的。

「賣出」是最糟的投資判斷。股價大幅下跌後，因為不喜歡帳上的未實現損失，所以在股價急速反彈後，抱著「賣掉說再見」的想法的人似乎很多，但是在這裡賣掉就太可惜了。

因為還有100股，所以「再觀察看看」也不錯。但是，希望每當有好機會出現時，能有確實行動的積極性，這樣才可能放大獲利。

19

移動平均線與成交量兩者都要注意

從這張線圖,是該賣、該買,還是再觀察看看?該怎麼辦?

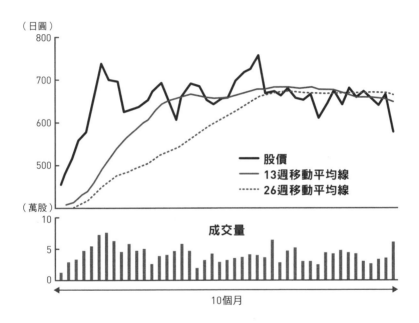

（日圓）

股價

13週移動平均線

26週移動平均線

（萬股）

成交量

10個月

⚠️**提示** **移動平均線和成交量要看哪裡?**

　　經過前面的練習,移動平均線和成交量的看法,我相信你已經逐漸明白了。

- 移動平均線的傾斜度如何?
- 成交量增加,還是減少?

　　「成交量是人氣的指標」,「買賣增加,就是人氣增加。」話雖如此,上面這張線圖也可以這樣解釋嗎?

■ 移動平均線暗示了股價很弱

　　十個月前，氣勢如虹上升的移動平均線，後來慢慢變得平緩，現在逐漸轉為向下，途中還出現了死亡交叉，13週移動平均線從上往下穿越了26週移動平均線。

■ 成交量增加伴隨的股價急跌，顯示急賣

　　成交量增加，表示人氣上升，但只有在「股價急漲」的時候才是。急著想要買入的投資人多的話，股價就會隨著成交量增加而急速上漲。

　　相反地，雖然伴隨著買賣增加，股價卻從高檔急跌，表示可能有投資人掌握到壞消息，急著賣出。往後空方有擴大的可能性，這時候賣掉比較好。

20 長期下跌後，即將開始上漲？

從這張線圖，是該賣、該買，還是再觀察看看？該怎麼辦？

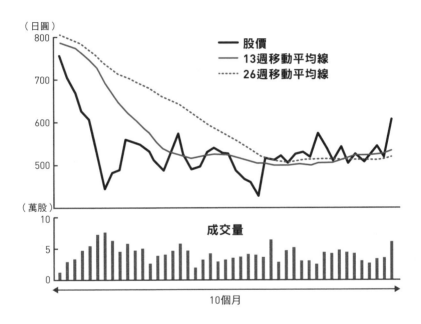

（日圓）
800

━━ 股價
━━ 13週移動平均線
‥‥‥ 26週移動平均線

700

600

500

（萬股）
10

成交量

5

0

10個月

！提示　股價些微反彈

　　這是一檔真實個股在2016年的線圖。股票在東證一部上市，經過長時間下跌之後，股價終於稍微開始反彈。

移動平均線向上，成交量增加，股價急速反彈，反彈創下波段新高，這時候應該要買入。在那之後，實際上一個月就漲到了 770 日圓。

Q19 的線圖，則是跟這張線圖上下相反的，你發現了嗎？將線圖上下顛倒後，投資判斷也相反。

■ 為了擺脫先入為主的觀念，要學會看顛倒線圖

有些人雖然會解線圖，實際上在買賣股票時，總是看不到重要訊號，主因就是持有先入為主的觀念。

不要被先入為主的想法控制，必須單純地看線圖。要做到這一點，我建議你常常把線圖上下顛倒過來看。顛倒過來之後，買入的訊號變成賣出，賣出的訊號就會變成買入。

永遠覺得股票會漲的人，無論看什麼線圖，都覺得是多頭，會有「多頭偏誤」。如果你是這樣的人，就把你覺得是買入訊號的線圖顛倒過來看。如果覺得看起來像是賣出訊號的話，就表示你看線圖時沒有帶著先入為主的想法。反過來看，仍然看不出是「賣出」的話，就表示你被先入為主的想法支配了。

在本書會反覆出現顛倒線圖的問題，就是要讓你藉著看這些線圖，學會理解賣出訊號跟買入訊號的本質。

如何掌握好時機賣股票

■ 我在基金經理人時代的操作規則

　　我來介紹一下我在基金經理人時代一直使用的賣出判斷法，這是一套非常好用的方法，是我實際用來負責操作公家年金基金的規則。首先，請你看一下下列這張線圖，這檔基金在哪個時候賣日股、在哪時候買日股的？

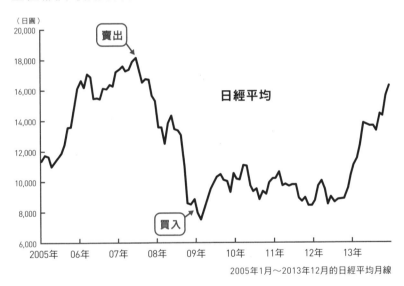

2005年1月～2013年12月的日經平均月線

　　在這張線圖上，畫了「賣出」的箭頭處，我賣了日股、買了國債。還記得當時我認為「明明日經平均好像還會漲，但這是規定，沒辦法！」，勉為其難賣了日股。畫了「買入」的箭頭處，我分了很多次賣掉國債，買入日股。當時，我一直覺得「日股跌過頭了！」，因此買入日股時並不覺得不妥。

　　我說明一下基金操作的規則，基準規定的資產分配比率是「國內股票40％、國內債券60％。」「以市價為基礎，股

票所占的成分比率達到45%以上的話，就要回到基本比率；在35%以下時，也要回到基準比率」，有這樣的規則存在。

2007年4月，股票價格上漲，使股票的成分比率超過了45%，於是賣了日股、買入國債。2008年股票暴跌，成分比率變成35%的時候，就賣了國債、買入日股。

■ 散戶投資人也可以實踐

這種做法散戶投資人也可以仿效。例如，日經平均股價指數基金用100萬日圓買入，「價格上漲變成了120萬日圓，就賣掉20萬日圓的部分」，「價格下跌變成80萬日圓的話，就買入20萬日圓的部分」，只是反覆這樣操作，就能在跟我操作公家年金類似的時間點買賣股票。

但是，這件事說起來容易，做起來很難。如果遵守規則的話，就要在大家都覺得行情一片樂觀時賣股票，在大家都覺得悲觀時買股票。

不過，我知道還是有人可以很平靜地做著這件困難的事。跟我一樣，在日經平均高點賣股，在雷曼風暴後的大底部用1兆日圓買超日股，那個人也是個人投資者。每個個人投資者，都用各種不同的判斷基準，做著不同的買賣。全部合計起來，當作一個投資主體來看統計數字的話，強大的個人投資家在高檔賣股、低檔買股的傾向很清楚。

在某個廣播節目中，我曾經這樣說過：「雷曼風暴後的低價，我遵守了操作規則，買了日股。但是，厲害的個人投資家沒有這樣的操作規則，也能精準地在股票下跌時買入。」我這麼一說，節目主持人就問我：「他們是用什麼來作為加碼的基準呢？」我一時語塞，後來做了這樣的答覆：「憑著野性的直覺吧！」

於是，錄音室裡充滿了笑聲。

看懂 K 線

■K線是什麼？

在第3章，我們要學習的是K線。K線是江戶時代專做投機買賣的投資家本間宗久所發想的線圖，用來看行情的強弱非常方便。顯示股價在一天當中變動的情況是日K線，表示在一週當中變動的情況則是週K線。

日K線的架構(陽線與陰線)

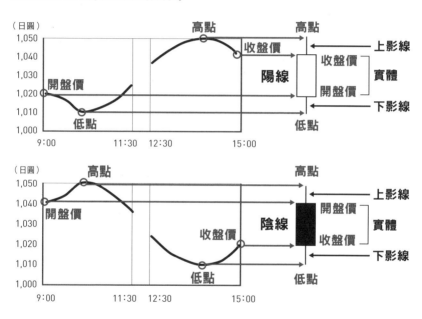

從一天的價格變動中，取出開盤、高點、低點、收盤四個價格，從開盤價跟收盤價畫出棒子的實體部分。開盤→收盤如果價格是上升的話，就把棒子抽空變白，*稱為

---

* 本書以白、黑兩色標示「陽線」和「陰線」。台股一般使用的「陽線」是紅色，稱為「紅K」；「陰線」是綠色，稱為「黑K」。美股的K棒顏色與台股的相反，黑K為漲，紅K為跌。

「陽線」。如果是下跌，就用黑色塗滿棒子實體，稱為「陰線」。然後加上高點跟低點，用實線置中連起來，K線（K棒）就完成了。K棒實體上方的實線稱為「上影線」，下方的實線稱為「下影線」。

21 一日的價格變動

　　下列1～5的K線（日K），各自表現的是A～E的哪種變動呢？每一根K棒的前一天收盤價都是1,000日圓，是一天當中股價有5%以上變動的震盪線圖。

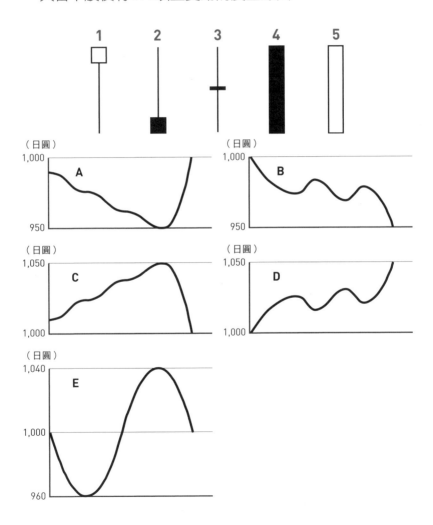

　　我們來了解一下從五種K線能夠讀取到的一天之內的價格變動吧。

■1長下影線：表現出行情的強勢（線圖A）

　　從早盤就開始持續賣出，就在賣到了比前一天跌了5％的低點時，在收盤前的最後一刻，多方一口氣反攻回到前一天的收盤價。這樣的動態表示許多資金看準了要以這個價格水準買入。

■2長上影線：表現出行情的弱勢（線圖C）

　　從早盤開始就持續買入，直到股價推升至比前一日高5％的時候，在收盤前的最後一刻，被空方一口氣攻破，急速跌回到前一天的收盤價。這樣的動態表示到了這個價格水準，就有很多資金等著要賣。

■3十字K：表現出猶豫的狀態（線圖E）

　　往上攻、往下攻都失敗，又回到開盤價。這麼長的上下變動形成的十字K，讓人覺得未來將是震盪的行情。

■4大陰線／長陰線：表現出行情的弱勢（線圖B）

　　一開盤就是高點，收盤卻是最低點。一天當中股價大幅下跌，以低點作收，空方十分強勢。

■5 大陽線／長陽線：表現出行情的強勢（線圖D）

　　一開盤是最低點，收盤收在最高點。一天之內股價大幅上漲，以高點作收，多方十分強勢。

請看下列 F 公司、G 公司和 H 公司的股價在三天當中的 K 線（日 K）變化。

要買的話，買哪支？要賣的話，賣哪支？

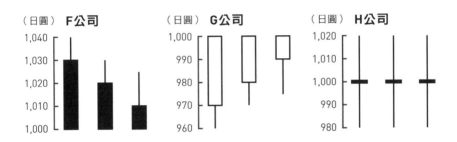

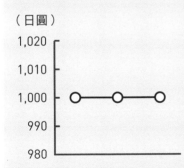

🔑 **重要觀念** ### 從 K 線中，可以讀到什麼訊號？

這三家公司的股價，若只看收盤價的話，三天都是 1,000 日圓沒變，畫在均線上的價格都是一樣的。股價沒有變動，看起來好像是很沒有意思的線圖。一天當中的價格變動所發生的劇情及珍貴的情報，從均線圖上完全看不出來，但是在 K 線圖上，就充滿了強弱情報。K 線是只要看一眼，就能夠感受到市場行情強弱的一種實用工具。

■G公司背後有大戶身影的存在

我們來想想看G公司發生了什麼事吧。一大早股價雖然大幅下跌，但是下跌之後就有人買入，反彈後收盤又準確回到1,000日圓的股價，而且這樣的事情已經持續了三天。

這看起來像是在不特定的多數散戶投資人賣出G公司的時候，大戶機構投資人開始一點一點地搜集買入。機構投資人連續三天以「低於1,000日圓的裁量下單」方式，丟出大筆買單。裁量下單是機構投資人經常使用的下單方式，依照證券公司金融交易員的裁量，以事前決定的價格範圍，買入或賣出一定數量的股票。

當機構投資人想要大量買入特定小型股的時候，會用不讓市場察覺到的方式，一點一點地買（我在擔任基金經理人的時候就是這麼做的），透過這種裁量下單的方式委託券商。三天都準確回到1,000日圓的高點收盤，令人不免感覺到大戶投資人的身影。不過，三天都用同一種方式下單，使得K線留下了可疑的形跡，不特定的多數投資人很快就要察覺到這個買家的存在了。

■F公司背後則有大戶賣家的身影存在

F公司的股票正好相反，在不特定多數散戶投資人買入的時候，感覺到有大戶機構投資人正在一點一點地賣出。為了不讓大家察覺到他們想賣的股數還有很多，便以「1,000日圓以上的裁量下單」方式賣出。

關於K線，也有必須注意的地方。光靠K線的話，不能說是70％準確的強烈訊號。但由於對了解「供需的強弱」有幫助，K線的訊號跟其他訊號一併觀察，就能提高投資判斷的準確度。

23

長陰線與長陽線

I公司與J公司的股票，要賣的話要賣哪支？

請從下列十八個營業日的K線（日K）來判斷，兩者的股價都是在50日圓的範圍內上上下下。

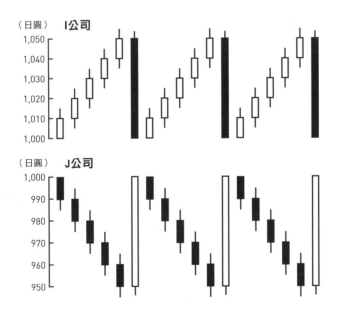

🔑 重要觀念　**感受行情的強弱！**

看一眼就能感覺到行情強弱的就是K線。陰線多的話就能感覺到「似乎很弱」，陽線多的話就能感覺到「似乎很強」。這樣的看法並沒有錯，但是看I公司的陽線多，陰線卻很長，J公司的則是相反，該如何判斷呢？

■ 比起K線的數量，更要注意長度

關於陽線和陰線，是「長度比數量重要」。I公司有五根短陽線，最後以一根大陰線整個抵銷，讓人感覺在這個價格帶中空方比多方強勢。而且這種狀況都反覆發生三次了，所以多方也已經發現「這個價格帶很危險，不能買。」在多方縮手的情況下，空方就會更進一步賣出，股價似乎可能加速下跌。

把這種情況以拳擊比賽來比喻。當多方連續擊出五下輕拳，而空方步步逼近，最後一記重拳一口氣擊倒多方。然後，好不容易站起來了，多方再使出五拳，又吃了一記重拳。這種發展持續下去的話，你覺得誰會贏呢？I公司的K線動向圖，給人的感覺就是像這樣的拳擊賽發展。

J公司的則是相反。連續五根陰線下跌，用一根大陽線抵銷。這麼一來，空方就會變得收斂，在這裡試著買入可能很有得賺。

雖然I公司與J公司的股價，都只有在50日圓價差上上下下，但是看K線就能清楚看到在這個價格範圍內展開的多空熱戰。

24

日K與週K的關係

下列是K公司與L公司的股價週K線圖。三週前，在兩家公司的股價都是1,000日圓時各買了100股，現在突然需要資金，必須賣掉其中一檔。

K公司與L公司的股票，要賣的話要賣哪支？

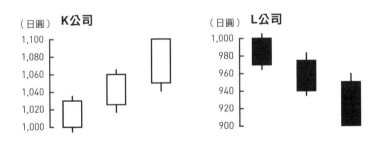

🔑 重要觀念　**週K怎麼看？**

週K棒是週一至週五的日K棒合集。

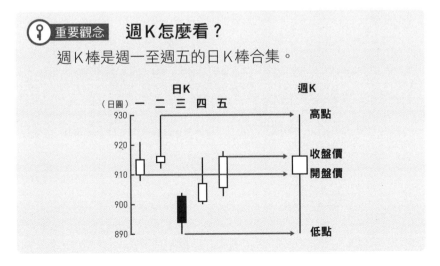

■ 不要拘泥於買入的價格

　　散戶投資人、初學者為了能在股市持續獲利，第一件一定要學的事情就是「不要拘泥於買入的價格。」跟有沒有獲利或停損無關，該賣的不賣、該買的不買，就不是良好的投資操作。

　　L公司的股票自買入後就下跌了100日圓，要賣的話就是停損。連續三週K三連黑的線圖相當弱勢，接下來賣出的人若增加的話，會有進一步下跌的可能性。像這樣的個股，就應該要賣。

　　另一方面，K公司的股價連續三週陽線並列，是所謂的「三連紅」強勢K線圖。接下來期待買方增加，可能進一步上漲，在這裡賣掉的話就有點可惜了。

　　許多散戶投資人會犯的錯誤就是：立刻賣掉上漲的股票，卻一直續抱下跌的股票。賣出上漲的個股兌現獲利感覺很棒，賣掉下跌的股票實現損失心裡很苦，因此不由得就會做出這樣的選擇。但是這麼一來，就結果而言，就是賣掉了一堆好股票、留下了壞股票，變成持有的股票中，好股票一直消失，庫存了一堆壞股票。

　　「停損要快，停利要慢。」這句話已經重複講過很多次了，請好好地記在心上。

成交量急增！

　　下列是M公司與N公司的股價週K線圖。五週前，在兩家公司的股價都是1,000日圓時各買了100股，因為急需資金，必須賣掉其中一支。

M公司與N公司的股票，要賣的話該賣哪支？

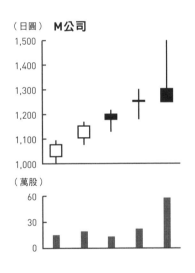

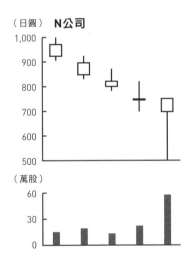

(!)提示　成交量急增是為何？

　　兩者的線圖都是在最後成交量急增。成交量急增的意思就是説，有人急著買賣。把M公司與N公司分開來看，請想想：急著交易的是空方，還是多方？在成交量增加時，多空進行的是什麼樣的戰爭？思考一下，答案自然就很明顯了。

■ 陰線留下長長的上影線

M 公司的股票最近的週 K 是「留下了長長上影線的陰線」，暗示漲上來的股價有可能轉為下跌。

在這裡，多空進行了什麼樣的戰爭呢？我們回頭來看一下 K 棒圖。先動作的是多方，多方看到持續四週上揚的股價，覺得「接下來，好像會進一步大漲」，「要趁現在趕快撿一點貨」，於是大幅增加買單。股價被強力的多單拉動，一時之間急漲到 1,500 日圓。

然而，此時多方可能已經買到預定的大致數量了，或者也許是出現了什麼壞消息，看見上漲的股價，空方增加賣單，股價順勢瞬間下跌。在高檔大量買入的多方，立刻產生未實現的損失，發現這次做多失敗了，往後可能會出現停損賣出。

■ 陽線留下長長的下影線

至於 N 公司的股價則是相反。看到一路下跌的股價，許多持有 N 公司股票的投資人慌張大量賣出，一時之間急跌到 500 日圓。然而，到了這裡，很可能賣單幾乎都結束了，瞄準底部的買單增加，股價瞬間急速反彈，結果出現「留下了長長下影線的陽線」。

O公司與P公司的股票，要買的話要選哪支？

請看下列六週的週K線圖做出判斷。

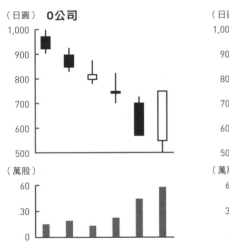

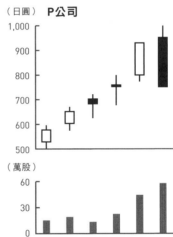

🔑 重要觀念　**什麼是「吞噬型態」？**

　　請看O公司與P公司最後兩週的週K棒。前一週的高點與低點被包在下一週的K棒實體（開盤價與收盤價）的範圍內，就叫做「吞噬型態」。但是，光看吞噬型態，也不能説是70%準確的訊號。很多K線的解説書，會要你記住許多買入訊號或賣出訊號，有各式各樣的型態和名稱，但是我並不建議那樣的背誦方式。雖然表現出來的是賣出或買入的氣勢沒有錯，但是僅當作參考就好了。

■「陽線吞噬」與「陰線吞噬」

O公司的週K棒，是陽線吞噬了前一週的陰線，形成「陽線吞噬」的型態。在持續了一陣下跌趨勢後，出現這樣的型態，可能就是行情的反轉點，或許要轉為上升趨勢了。

P公司就相反。在持續了一陣子的上升趨勢後，陰線吞噬了陽線，出現「陰線吞噬」的型態。接下來有可能會轉為下跌，在這個地方必須注意。

把O公司與P公司兩週的週K重新畫成一根K線的話，就能清楚看見發生什麼事。

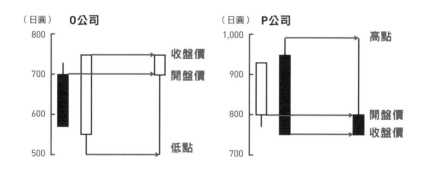

把O公司的「陽線吞噬」重新畫出一根K棒的話，會發現它是一根有長下影線的陽線。這是趁著優勢拚命賣股的空方，遭遇多方大反擊而被擊退的型態。

至於P公司，則是變成「長上影線」的陰線。這是趁勝追擊的多方，遭遇空方大反擊而受到毀滅性打擊的型態。

27

移動平均線與週K線圖

下列是在東證一部上市的Q公司九個月間的週K線圖，成交量與13週、26週移動平均線也畫進去了。

是該賣、該買，還是再觀察看看？
該怎麼辦？

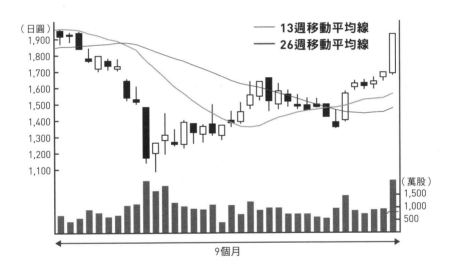

① 提示　不只K線，也要注意成交量

成交量的變化，也充滿了許多有用的情報。請看一下九個月前開始暴跌時的成交量變化，會發現在暴跌的最終階段，成交量暴增。後來終於承受不住股價持續下跌，拋售股票的投資人應該很多。

但是在那之後，股價開始打底，成交量雖然減少了，但是股價急速上漲，成交量後來再次急速增加。

判斷可以買入Q公司的股票，理由有三個。

（1）出現了大陽線（長陽線）

（2）成交量急增

（3）13週和26週移動平均線的傾斜轉為向上

特別重要的是（1）和（2）的理由。好像有什麼好消息出現，多方開始急著買入。由於伴隨成交量開始急漲才不過一週，因此這個行情「還很新」。在這裡買入的話，可以期待順利跟上剛開始上升的行情。

至於判斷還要「再觀察看看」的人，為什麼這麼想呢？因為已經接近暴跌前的高點1,950日圓，很容易出現反彈賣出。如果你判斷要在衝破暴跌前的高點後再買比較好的話，那也OK。

只是暴跌前的高點，已經是九個月前的事了。經過了九個月，這當中買在高點炒短線的人，應該已經賣完了。在大底部成交量急增，可以認為炒短線持有股票者，有相當部分都已經拋售了。

由於最新的成交量很大，從這張線圖可以看出，反彈賣出已經消化完畢，行情可望往上漲。

28

一路上漲時出現的大陰線

來看一下Q27 Q公司後來的線圖吧。

在下列寫著「在這裡買入」的時間點，買了Q公司股票100股。買入之後，八週股價（8根週K），都在買入價格附近移動。在1,900多日圓的價格穩定之後，Q公司的股價就進入上升趨勢，一直順利創高。但是，最新的股價急跌，出現長長的陰線，接下來該怎麼辦才好呢？

是該賣、該買，還是再觀察看看？
該怎麼辦？

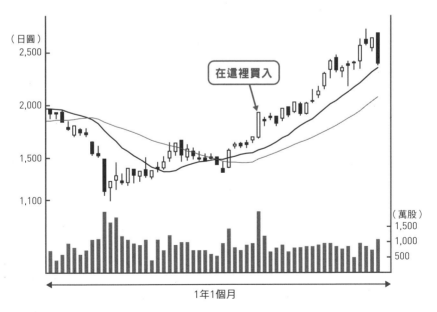

下列是Q公司後來的股價變化。

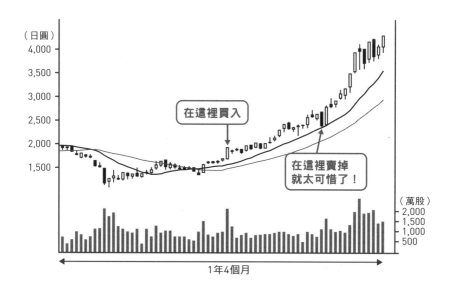

13週移動平均線和26週移動平均線都維持向上，上升趨勢仍在持續中，所以不應該賣掉。

對於中國擅長軍略的名將韓信，在《史記·淮陰侯列傳》中有一句話這樣規勸他：「天與弗取，反受其咎」，意思是：放過好機會，反而會招來災禍。

投資一檔有望變成2～3倍的股票，卻不妥善掌握「上天給予的好機會」，在漲了10～20％的時候就立刻賣掉，行情之神也會放棄你的。置身上升氣流的話，直到停止前都不要放棄。結果，這檔個股在兩個月後，股價漲到了5,800日圓。

29　遭遇長黑，非常倒霉

下列是 R 公司的週 K，用 19,500 日圓的價格買了 100 股之後，突然急跌！

在這裡，是該賣、該買，還是再觀察看看？該怎麼辦？

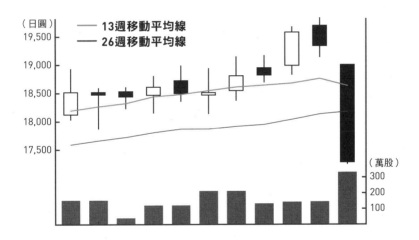

（9）重要觀念　**暴跌時更要冷靜**

　　我從事操作日股的基金經理人逾 25 年，在經年累月的買賣當中，當然發生過非常幸運的事，也發生過非常倒霉的事。像上面這樣，就是一個非常倒霉的案例，才買入就立刻暴跌了。像這種時候，要是情緒化的話，不會有好事。必須淡定，沉穩地進行交易。

■ 越是投資獲利高手，對停損就越不會猶豫

才剛買入的股票立刻暴跌，就應該毫不猶豫地賣掉。在買入的隔日，如果能夠妥善掌握時機賣掉，你就是高手。只要能夠不被拖累、導致嚴重虧損，總有一天會遇上才買入就漲停的好運。

在股價急跌的期間，不該一週都放著不管。在股價往下貫破13週移動平均線的附近，就應該賣了。如果放了一週，現在也應該立刻賣掉。

■ 賣出訊號 —— 大陰線、成交量增加、移動平均線

應該賣的理由很多，出現了長長的大陰線就是致命的理由。成交量大幅增加，很可能是出現什麼壞消息，原本一直買入R公司股票的投資人拚了命地賣。股價很乾脆地同時往下貫破13週和26週移動平均線，很可能是出現了相當糟的消息。剛開始急跌才一週，壞消息還很新，再來還可能會有投資人賣股票。R公司的股價在那六個月後，跌到了14,000日圓。

如果買賣很多，遇到了這種倒霉事，當然就要迅速切割，默默停損。最糟的投資判斷就是：對R公司決定「攤平買入」，跌下去就加碼買，這只會讓傷害越來越大。

下列是S公司和T公司六個月的週K線圖。

S公司與T公司的股票，如果要賣空的話要選哪支？

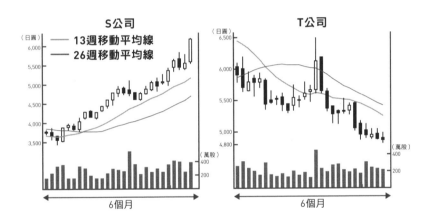

重要觀念 **什麼是「賣空」？**

　　這是一種信用交易，賣出你並未持有的股票就叫「賣空」。賣空之後在股價下跌時，再買回來就可以獲利。

　　例如，用1,000日圓賣空的股票，在跌到800日圓時買回，可以獲利200日圓。只是，賣空之後如果股票上漲才買回，就會發生損失。例如，以1,000日圓賣空的股票，漲到1,200日圓時買回，則出現200日圓的損失（先不計交易成本）。

　　賣空時使用的股票，是從券商借來的。因為賣的是借來的股票，所以一定要買回，把股票還給借給你的證券公司。

第３章　看懂Ｋ線

103

事實上，「S公司」與「T公司」的股價走勢，是同一家公司在不同期間的股價表現。下列是該公司實際的週K線圖。

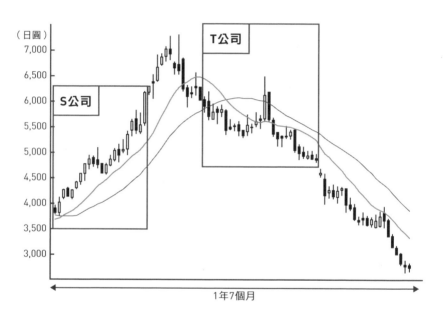

（日圓）

7,000

6,500

6,000

5,500

5,000

4,500

4,000

3,500

3,000

T公司

S公司

1年7個月

大多數的散戶投資人，都是逆勢派，很容易賣掉股價正在上漲的股票，買入下跌趨勢的股票。證券公司的網路工具都可以檢視信用餘額，像「S公司」這樣的股票走勢可能有「融券賣出餘額」增加的傾向，「T公司」這樣的股票則可能有「融資買入餘額」增加的傾向。以信用交易逆勢操作是很危險的，因為放大槓桿。賣空強勢上漲「S公司」的股票，若股價就這樣被一直往上拉，在高點時被迫買回實現損失的人很多。若想賣空，要在像「T公司」的股價

走勢這樣，在下跌加速時賣空，才比較容易獲勝。

《孫子兵法》中寫著「十則圍之，五則攻之，倍則分之，敵則能戰之，少則能守之，不若則能避之。」這套戰術用在股票交易上，奧義相通。

也就是說，賣空勢頭正好（正在上漲中）的股票，絕不可為；應該追打一直敗逃（下跌中）的股票（賣空），才是上策。

> 🔒 **這點一定要記住！**
>
> 資券比低於1倍的個股（賣空的人多）
> → 股價會繼續上漲
> → 賣空的投機客受不了就可能回補
> → 看準「軋空」買入，也是有效的套利方法

接下來按照順序說明，讓初學者也能了解。

■（1）信用交易的餘額是什麼？

信用交易有「融資買入餘額」與「融券賣出餘額」。例如，在2021年9月24日這個時間點，軟銀集團的信用餘額如下。

	融資買入餘額	融券賣出餘額	資券比
軟銀G	20,403,400股	1,844,900股	11.1倍

出處：東京證交所

■（2）融資買入餘額

這是想炒短線做多來賺錢的部位。融資買入的投資人，賭的是短期內股價上漲時賣掉股票交割。使用信用交易的話，一般期限為六個月。

也就是說，融資買入的餘額＝將來有賣出的需求。

■（3）融券賣出餘額

這是企圖藉由短期下跌來賺取利益的部位。融券賣出的投資人，賭的是短期內股價下跌時買回以獲取利益。

也就是說，融券賣出的餘額＝將來有買入的需求。

■（4）從資券比來看買入賣出的均衡點

資券比＝融資買入餘額÷融券賣出餘額

資券比通常以3～4倍為中心推移，一般來說融資餘額會比融券餘額高個3～4倍左右。

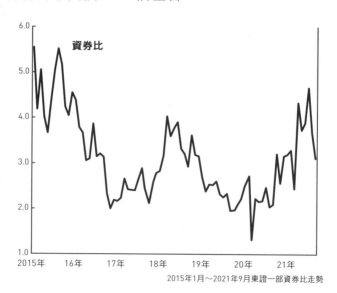

2015年1月～2021年9月東證一部資券比走勢

我看股票線圖獲利

■（5）資券比過高：投機客的買單往上累積

　　資券比10倍以上，表示融資買入餘額累積到相當高的狀態。先前軟銀集團的約為11倍，就是投機性買入一直往上累積，潛在的賣出需求很大的狀態。

■（6）資券比低於1倍，就是進場的好時機

　　資券比破1，就是融券賣出比融資多的狀態，也就是投機客賣空太多的狀態。在這個狀態下，股價仍舊持續上漲的話，有可能發生軋空行情（賣空回補，使得股價更加上漲），因此買入是很好的時機。

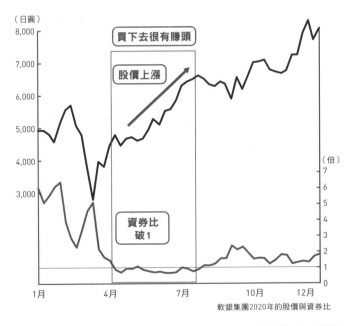

軟銀集團2020年的股價與資券比

　　上圖是軟銀集團2020年的股價與資券比的走勢圖。從4月到7月，資券比都是破1的。融券賣出餘額一直累積，在這段期間股價卻大幅上漲，在這裡發生軋空。

我在基金經理人時代的重大失誤

■ 因小型成長股造成的重大失敗

經常聽聞股票成功致富的故事，我也想說這樣的故事，不過比起大成功的故事，真正有幫助的是大失敗的故事。妥善避免重大失誤，對於你的長期資產累積是很重要的事。所以，在這裡我要說的是我實際發生的重大失敗案例。

我在擔任基金經理人的時代，一度所持有的小型成長股急跌，在思考下跌的原因之前，我往往不管三七二十一就賣掉了。由於很多原因大多是在事後才會知道，知道了之後再賣就太遲了。徹底執行迅速賣出，對於長期維持良好的操作表現是很重要的。

然而，這樣的我，在小型成長股上也曾遭遇過重大失誤。那是在2000年投資昭文社HD（9475）時，我一直抱到股價腰斬之後。

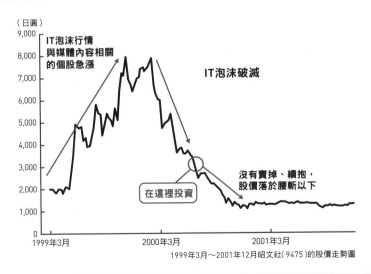

1999年3月～2001年12月昭文社（9475）的股價走勢圖

■ 察覺錯誤時，已經太遲了

為什麼我會拖拖拉拉，沒有立刻賣掉昭文社的股票呢？我堅信昭文社將來會有大成長是敗因所在，我一味認定並深信不疑，等到察覺錯誤時為時已晚。

投資小型成長股時，我都會盡量研究探訪，深入了解企業業務內容才投資。當時，我一年會研究探訪兩百多家企業，再選擇投資標的，昭文社就是這樣選擇出來的個股。

在 2000 年當時，昭文社是以出版事業為主，但是他們試圖發展電子地圖事業為新的事業，並且努力使其成長。他們期待，即使出版事業將來縮小了，電子地圖事業也能取而代之急速成長。我去昭文社採訪後，堅信電子地圖事業會成長。

原因包括：1電子地圖的需求，幾乎確定是急速增加中；2當時日本能夠仔細製作電子地圖的，只有善鄰及昭文社兩家公司；3在日本全國都有調查員能夠詳細寫入最新情報的，也只有善鄰與昭文社而已。

然而，昭文社在那之後，卻成了來回徘徊在黑字與赤字之間的結構不穩企業。出版業持續縮小，又沒能以電子地圖賺到錢，因為已經變成在網路上可以盡情使用免費電子地圖的時代了，而原本期待成為最重要收益來源的汽車導航事業領域又被善鄰奪走了。

我在這裡得到的教訓是：無論什麼樣的理由，急跌的小型股就是要先賣掉，讓頭腦冷靜下來，重新思考。徹底調查企業業務內容是很重要的，這自不待言；即便如此，也無法正確預測企業的未來。

第 4 章

看懂線圖的
關卡

■ 線圖上的「關卡」是什麼？

野生叢林裡有「獸道」，這是許多動物無數次走踏、自然形成的道路。獸道一旦形成，後來的動物大多會從這裡經過。

同樣地，股價線圖也有「關卡」。所謂的「關卡」，就是多數投資人在那裡停下腳步買賣的價格帶。股價一旦形成了「關卡」，在上升趨勢與下跌趨勢時，都無法乾脆俐落地通過，許多投資人會停在該區間買賣。

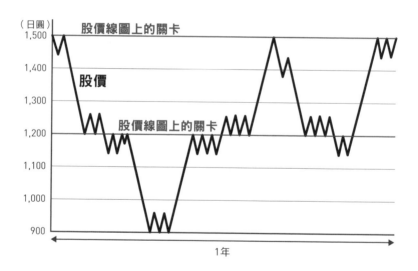

在上列這張圖中，1,200日圓與1,500日圓的價格都形成了「關卡」。股價低於上檔關卡時，關卡價格就成為「壓力線」。當股價突破來到關卡之上時，就成為「支撐線」。

31 線圖的關卡在哪裡？

A公司與B公司的股票，
要買的話要買哪支？

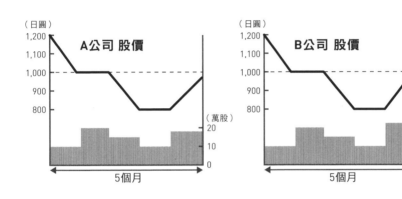

🔑 **重要觀念** **壓力線**

　　A公司與B公司的股價近四個月來，一直持續著下跌的趨勢，最近一個月終於開始反彈了。這兩張線圖非常相似，差別在於反彈的最新股價與成交量。

　　乍看之下，可以發現的是，兩者的股價關卡都是1,000日圓。這在股價由下往上走時成為「壓力線」，因為先前以1,000日圓買入的投資人，在這裡比較容易反彈賣出。

A.31 要買的話，選 B 公司的股票買入

　　兩家公司的股價處於下跌趨勢時，都在1,000日圓時暫時止跌，成交量增加。這有可能是因為判斷「到1,000日圓以下就相對便宜」的投資人在此買入的緣故。大約持續了一個月的期間，空方與多方在1,000日圓處持續攻防，最後由空方獲勝，股價跌到800日圓。以1,000日圓買入的投資人發現「糟糕！」，後悔莫及。之後，股價又回到1,000日圓左右。由於接近買入的價格，覺得「太好了，得救了！」，想趁著反彈賣出的投資人增加。

　　選擇B公司的股票買入，理由有三個。

　　（1）B公司的股價上漲到1,030日圓，有可能真的突破關卡。在1,000日圓買入的投資人，在抱著「未實現損失」的期間，通常會覺得「如果回到買入的價格就賣出吧！」然而，一旦超過買入的價格，帳面上出現未實現利益後，心情很容易就會變成「先不賣，再看一下比較好。」

　　（2）目前的成交量大。

　　（3）在1,000日圓～1,200日圓的價格帶中，過去的成交量少。反彈賣壓已經消化了，股價容易上漲。

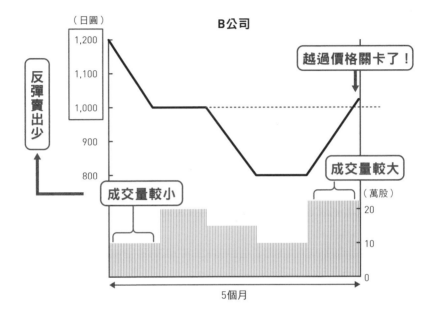

B公司

（日圓）

反彈賣出少

1,200
1,100
1,000
900
800

越過價格關卡了！

成交量較小

成交量較大

（萬股）
20
10
0

5個月

32 從下跌趨勢轉為上升趨勢

C公司與D公司的股票，要買的話要選哪支？

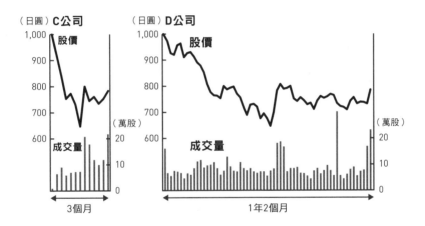

（日圓）C公司

（日圓）D公司

3個月

1年2個月

(!) 提示　反彈賣出的可能性

　　兩家公司的股價都是從1,000日圓急跌到650日圓後，再快速反彈到800日圓。之後平穩波動了一陣子，又再次嘗試挑戰高點。請思考一下，接下來會有多少反彈賣出，比較容易消化完反彈賣壓後上漲的是哪一檔？

　　首先，要看「線圖的關卡」，成交量大的地方容易形成關卡。兩家公司都是在急跌後快速反彈時，在碰到800日圓的地方成交量增加，因此可以意識到800日圓是一道關卡。一接近800日圓，就有反彈賣出增加的可能性。而現在正是股價接近800日圓的時候，接下來誰比較容易消化完反彈賣壓，然後上漲呢？

■ C公司的盤整還沒完成,D公司的盤整已經足夠

C公司股價急跌後的時日尚淺,導致股價急跌的壞消息出現後,還沒有經過足夠的時日(盤整還沒完成,壞消息還很新),因此買在高檔的投資人反彈賣壓可能很強。D公司的股價在急跌之後,已經經過相當的時日。買在高檔的投機客可能已經陸續停損完畢,反彈賣出變少,可以說比較容易進入新的上升趨勢。

■ 加上13週移動平均線,便一目瞭然

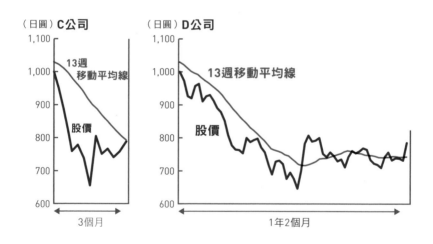

盤整還未完成的C公司,13週移動平均線是向下的。另一方面,D公司的13週移動平均線正在轉為向上。這是一道不只要看移動平均線,也要看「日數差異」的題目,你懂了嗎?

33 兩張線圖的關卡

E公司與F公司的股票，要買的話要選哪支？

請從下列的週K線圖做出判斷。

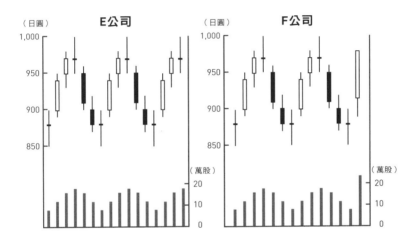

（！）提示 **在線圖的關卡上畫線**

　　兩家公司都有兩道價格關卡，在哪裡呢？

　　上面的價格關卡有成為「壓力線」的傾向，可能是介於回到買入價就覺得「太好了，得救了！」而反彈賣出的投資人容易增加的價格帶。

　　下面的價格關卡則是有成為「支撐線」的傾向，或許是因為有覺得「跌到這裡就可以買買看」搶反彈的投資人進場的緣故。

　　也請看成交量的變化。有股價上漲時成交量增加，下跌時成交量減少的傾向。

在F公司的線圖中，發現880日圓與970日圓都是關卡。最後，成交量急增，出現了一根大陽線，已經順利突破關卡，應該是有什麼好消息剛出來。

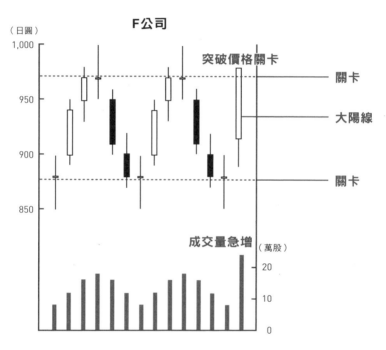

在880日圓的地方，出現了三次的「十字星」。就如Q21解說過的，十字星代表猶豫，離開低檔後可能成為股價反彈的契機。F公司的股價實際上也反彈了，因此880日圓就是下檔關卡（支撐線）。

在970日圓的地方，則是出現了兩次「十字星」。離開高檔後有可能成為股價跌落的契機，實際上也跌了，因此970日圓就是上檔關卡（壓力線）。

34

第三次嘗試突破高點

G公司與H公司的股票，要買的話要選哪支？

　　G公司與H公司都預期好像有什麼題材，兩檔股票在過去三個月中都兩度試圖衝破1,000日圓股價，但是兩次都立刻被賣出，急速反轉下跌。現在，正在嘗試第三次突破高點。

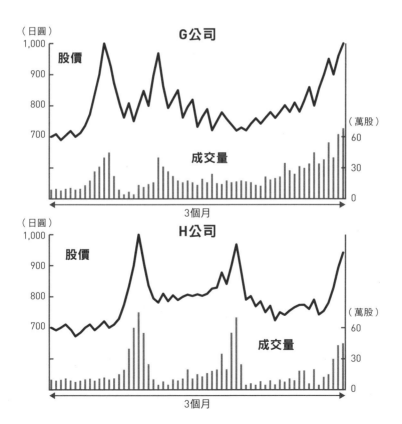

　　G公司的股價在充分盤整之後，隨著成交量大幅增加往高檔上攻，因此這時買下會相當有賺頭。另一方面，H公司的成交量，並沒有充分增加。

　　G公司跟H公司的壓力線，都是在970日圓～1,000日圓的地方。

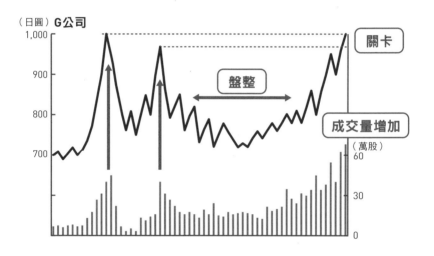

　　三個月前，股價漲到1,000日圓的時候，成交量增加，但股價立刻下跌。在這裡買入的人，一定覺得「慘了！」而後悔。之後股價又急速漲到970日圓，成交量雖然增加了，但是又反轉下跌。這麼一來，970日圓～1,000日圓就變成高檔「壓力線」。

　　在盤整期間，買在高檔的投資人會有一部分停損。第三次嘗試突破高點的時候，應該又會出現反彈賣壓。即便

如此，如果有什麼好消息出現，就可能使成交量大幅增加，就會把反彈賣壓消化掉了。

35

急漲後的震盪

I公司從四個月左右前，就因為出現某種利多消息而使股價急漲。但是，上漲的速度太快了，漲到1,600日圓之後，因為實現利益，使得股價暫時又回到1,320日圓。只不過，在此處又有搶反彈的買單出現，結果反彈到了1,500日圓。可是，在這裡又出現反彈賣壓，轉為下跌。

之後，股價就在1,320日圓～1,500日圓之間震盪，但價格變動的幅度慢慢縮小。

此時是該賣、該買，還是再觀察看看？該怎麼辦？

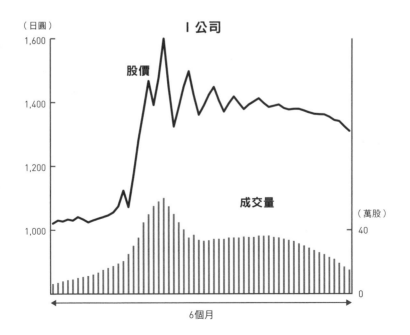

　　I公司在四個月前，因為出現利多消息所以股價急漲，但是上漲的速度太快了，結果股價從1,600日圓反轉跌到1,320日圓。之後，在1,600日圓（壓力線）與1,320日圓（支撐線）之間，形成了三角形收斂。

　　然而，最近的成交量越來越少，跌破了低點，請想想看這意味著什麼？在四個月前出現的利多消息，隨著時間經過，變成了「沒什麼大不了的事」，評價下滑。或者，也許是出現了什麼壞消息，抵銷了四個月前的好消息。

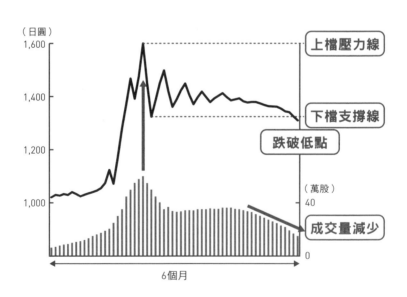

暴跌後的震盪

下列J公司的股票，是該賣、該買，還是再觀察看看？該怎麼辦？

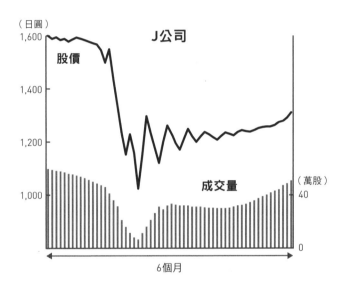

⊕ 提示　注意股價關卡及成交量

伴隨成交量增加的時候，發生什麼事？請思考一下。

（1）成交量增加→股價下跌→有投資人急著賣

（2）成交量增加→股價上漲→有投資人在蒐集買入

我在擔任基金經理人的時代，想要大量賣出或買入小型股時，都會盡量不被發現，一點一點地持續下單。即便如此，成交量還是一定都會增加，我的行動還是會被觀察成交量的敏銳投資人看穿。

　　J公司的股票成交量增加，突破了波段高檔關卡，從這裡可望開始向上。下跌時是成交量不大的價格帶，因此可以期待暫時會是反彈賣壓消化完畢的上漲。

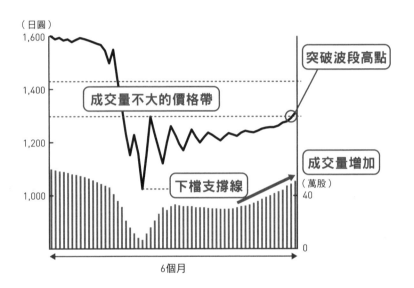

　　上列J公司的股價走勢，就是Q35 I公司線圖的上下顛倒版，成交量的增減也相反。

🔒 **這點一定要記住！**

- 上下顛倒的話，買入訊號變成賣出訊號，賣出訊號變成買入訊號。
- 判斷為「買入」的線圖，有時要請你反過來看。看起來是不是像應該「賣出」？如果不像，那麼或許你的買入判斷是錯的。

37

跌停板的處理法

Q36 J公司的股票以1,312日圓買了100股後突然出現壞消息，第二天就以沒有成交價展開。到了中午前，好不容易有成交價出現，已經跌了20%以上，落到1,042日圓。

接下來，該怎麼辦？

（1）以指定價格1,100日圓賣出100股
（2）以指定價格1,050日圓賣出100股
（3）按市價賣出100股
（4）以指定價格1,020日圓賣出100股

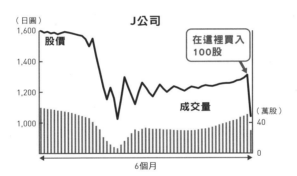

🔑 重要觀念　善用「指定價格」（限價）與「市價」下單

- 「指定價格下單」：就是指定個股、價格、股數下單買賣的方式。以1,050日圓的指定價格賣出，那麼同樣以此價格先下單的指定價格賣單都被買完了之後，還有人買入才會成交。
- 「按市價賣出」：就是不指定價格，直接以現在的市價賣出。按照市價賣出的話，會從該時間點出現的指定價格買單當中，撮合出價最高的買單成交。

　　此時，只有三十六計，走為上策了。無論是怎樣的買入訊號，只要有抵銷此訊號的「強勢下跌」出現，就會變成「強烈的賣出訊號」。如果能夠做到這一點，你就是投資高手了。

　　這裡的問題是如何下單成交。使用一定賣得掉的「市價賣出」吧！當你持有的股票發生「緊急狀態」（很糟糕的利空消息）時，應該優先做的就是盡早把持有的股數拋出。

　　根據東京證券交易所的規定，1,300日圓左右的股票當天最大的漲跌幅為300日圓。也就是說，J公司前一天的收盤價若是1,312日圓，跌300日圓就會跌到1,012日圓。如果股價跌到這個價格後沒有人買，就會變成「跌停板」、「無成交」，撮合不到。要是抱著微微的反彈期待以指定價格賣出，但是「跌停板」、「無成交」，撮合不到時，後來要後悔也來不及了。隔日如果還是以無成交開始，股價很可能會再次大幅下跌。

　　這個問題跟Q3是同一模式，「發生了很罕見的倒霉事時→要做的只有停損」，這是為了讓你記住這個重點而重複出題。

　　太努力學習看線圖的買賣訊號、尋找符合模式的線圖，有些人會在判斷買入訊號不準的時候，不知道該怎麼辦。如果判斷不準，就只能先賣掉。

■ 活用「逆指定價格／按市價賣出」

「持有的股票暴跌，無法立刻賣掉。白天還有其他工作要做」，相信很多人這麼想。此時，也可以善用「逆指定價格／按市價賣出」的下單方式。當持有的個股因利空消息下跌，跌到指定價格後，就自動下單「按市價賣出」，這就叫「逆指定價格／按市價賣出」。持有價格變動大的個股時，可以事先設定好，讓損失限定在一定的範圍內。

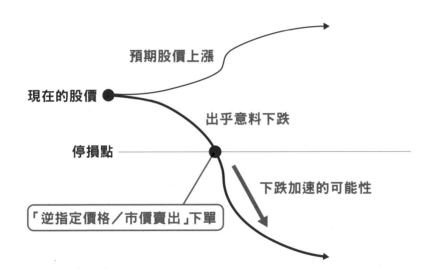

■「指定價格」與「逆指定價格」下單的差異

日股的「逆指定價格」下單，可以進行買入或賣出，說明如下。

- 「逆指定價格賣出」：指當股價下跌到指定價格「以下」時，就會自動下單賣出。
- 「逆指定價格買入」：指當股價上漲到指定價格「以上」時，就會自動下單買入。

一般來說，只要記住「逆指定價格／市價賣出」，懂得善用就可以了。「逆指定價格買入」是在以信用交易融券賣出的時候才使用，一般交易幾乎不會用到。

　　下列以具體例子來說明，也可以將「指定價格賣出」下單與「逆指定價格／市價賣出」下單配套使用。

　　例如，以1,000日圓買入100股之後，設定「以1,050日圓指定價格賣出100股」，以及「以950日圓逆指定價格／市價賣出100股」。

指定價格 賣出下單	股價	逆指定價格 賣出下單
100股	1,050日圓	
	1,000日圓 ← 現在的股價	
	950日圓	100股

　　假設K公司的股價漲到1,050日圓，如果你設定「指定價格賣出」下單，如果順利成交，就會以1,050日圓實現利益。若是K公司的股價下跌碰到950日圓，就會以市價賣出確定損失。此時，如果有人以950日圓的指定價格下單，那麼就會以這個價格成交。如果沒有人以950日圓買入，就會賣到更低的價格。

　　只要把「逆指定價格／市價賣出」設定好，即使有各種猶豫無法停損的人，也可以做到自動停損。

38

關卡間的攻防戰

下列是L公司股價八個月的週K與成交量。

是該賣、該買，還是再觀察看看？
該怎麼辦？

（日圓）

L公司

8個月

（億股）

⚠提示　暴跌後在箱型區間內移動

　　L公司的週K與成交量有許多情報。八個月前開始暴跌，暴跌約一個月後暫時觸底反彈。在暴跌的最終階段，成交量大幅增加，似乎有許多投資人因為承受不住暴跌而恐慌性賣出。

　　之後，股價反彈多次上攻但未成功，也有往下探底但沒有破，就在箱型區間內移動。

還沒有突破股價關卡，成交量也還沒有增加太多，是我的話會再觀察看看。

若是要「買入」也OK，因為大約在兩個月前出現了一根「大陽線」，之後股價就持續往上突破，到了壓力線就回檔。上次嘗試突破高點失敗，已經過了四個月，盤整時間很充足，可以嘗試買個100股。要是不行，馬上賣掉也OK。

把上一頁的線圖加上後來兩週的週K線，就是下列這張線圖。結果，跟之前一樣，到了600日圓關卡就會受到壓抑，被打回箱型區間。

在兩週前決定「賣出」是不大好的判斷，如果往上突破就可惜了。雖然剛好是跌下來了，但這只不過是結果論。

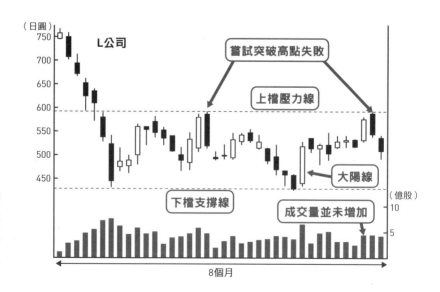

Q 39　十個月的攻防戰

Q38的線圖後來經過兩個月，下列是 L 公司十個月中的
週 K 線圖與成交量。

在這裡，是該賣、該買，
還是再觀察看看？該怎麼辦？

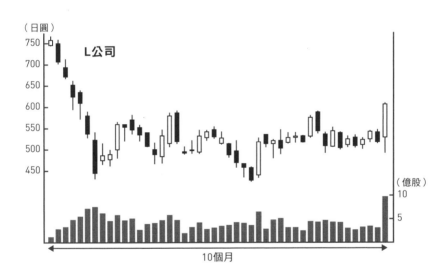

重要觀念　不要用賭的，要靠技術獲勝

Q38的線圖後來股價又下跌了。只看結果的話，就是
多方失敗、空方成功了，但這不過是一時的而已。

光看線圖，那是「不知道會怎麼樣發展」的狀態。像
這種時候，如果隨便決定買賣的話，就是「賭博」。本書
希望幫助你學會靠「技術」致勝，而不是「賭賭看」。

　　成交量急增，出現了長長下影線的大陽線，超越了壓力線，因此可以期待從此開始有望加速上漲。

　　實際上，L公司的股價也是從這裡開始，變成下列這張線圖這樣，急速上漲。

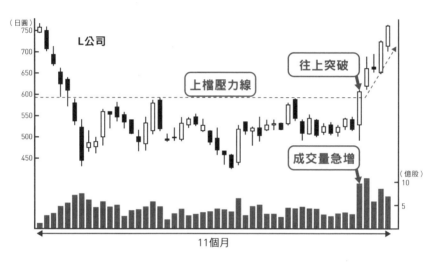

　　不是靠「賭賭看」，而是靠「交易技術」取勝，就是要能夠判斷在這樣的地方買入獲利。我在擔任基金經理人的時代，都會在週末查看東證一部所有個股的週K線圖。然後，如果發現這樣的線圖就會非常開心，週一早上就會用市價下單買入。

股價橫向持平，但是將來似乎有機會

　　五個月前，隨著成交量大幅增加，M公司的股價急漲。因為對接到政府方面的大訂單有所期待，便投資買了100股。

　　然而，在得知這不是立刻會實現的事之後，股價很快急跌，結果變成買在高檔了。由於這筆生意訂單總會拿到的臆測仍然持續存在，因此最近也有伴隨著成交量的急速上漲，只是急漲之後會被立刻做空，就這樣持續發展中。

那麼，是該賣、該買，還是再觀察看看？該怎麼辦？

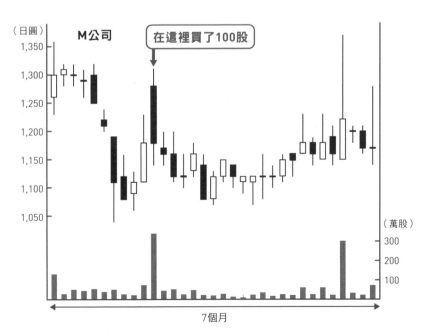

　　操作股票不能光靠「夢想」和「臆測」來買賣。幾次試圖突破高點失敗，買在高檔後悔的投資人就會增加。差不多該是壯士斷腕，賣出處分的時候了。

　　實際上，M公司的股價在之後兩個月，就如下列情況大幅下跌了。

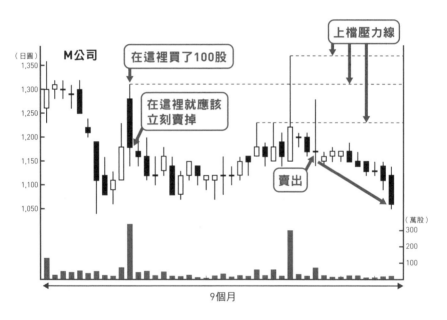

　　如果是我，不會抱著這支股票這麼久。買下100股之後若急跌，就會立刻賣出處分。

　　決定買的時候，線圖上出現了買入訊號，成交量急增，預計週K會是陽線。然而，卻在買入之後股價急跌，週K變成了大陰線。在這個時間點，就已經出現強烈的賣出訊號了。

「指定價格」、「市價」下單的聰明用法

■「指定價格下單」（限價下單）的意思

買賣股票的下單方式有很多種，最常使用的就是「指定價格下單」與「市價下單」。徹底理解這兩種下單方法，懂得適時運用是很重要的。

「指定價格下單」，就是指定個股、價格、股數，進行買入或賣出的下單方式。例如，在交易時間中，對股價來到801日圓的A公司股票，有下列的指定價格買賣單量。

賣出股數	價格	買入股數
13,200	803	
12,500	802	
9,200	801 ← A公司股票現價	
	799	2,300
	798	5,200
	797	8,400

「報價版面」，就是顯示買賣下單情況的資訊版面。如上表所示，A公司在801日圓時有9,200股賣單、802日圓時有12,500股賣單、803日圓時有13,200股賣單，而在799日圓時有2,300股買單、798日圓時有5,200股買單、797日圓時有8,400股買單。

在這裡，要買入A公司股票的話，有五種指定價格下單的方法。

■（1）指定低點買入

例如，以「797日圓買100股」，或是用比現價更低的指定價格買入。但是，股價若不跌到797日圓（或是你指定的其他價格）就買不到。即使股價下跌到797日圓，也不表示可以立刻成交。要等到所有比你先指定價格下單的8,400股都成交之後，如果還有人以797日圓下單賣出，你才能順利以797日圓買到。

若是想要更早買到的話，該怎麼辦才好呢？

■（2）領先現價一檔買賣

例如，以「800日圓買100股」，或是用比現在看得到的現價更高或低一檔的價格買賣。這麼一來，800日圓以下的賣單進來的時候，你會最先成交。只是，如果沒有800日圓以下的賣單，你就買不到。

那麼，如果要立刻成交的話，該怎麼辦才好呢？

■（3）直接指定以賣單正在交易的現價買入

例如，直接下單以「801日圓買入100股」，用目前的指定賣價買入。只要當下的指定價格賣單沒有改變，通常能夠立刻用801日圓買到100股。

不過，若是一瞬間有超過801日圓、9,200股以上的買單進來，那麼801日圓的賣單就會被消化完畢，你就買不到了。在這種情況下，你下的801日圓買入100股的指定價格買單，還是會留在市場上等待撮合。

如果想要成交的話，該怎麼辦才好呢？

■（4）直接以較高（或較低）檔次的指定價格買（賣）

例如，你可以「803日圓買入100股」，直接以較高檔次的指定價格下單成交。只要賣單不變的話，你就能以801日圓買到。「以803日圓指定價格掛單買入，就只會以803日圓買到」，很多人這樣誤會。以803日圓的指定價格買入，正確來說是「以803日圓以下的最有利價格買入」，若有801日圓指定價格賣出的話，就能以801日圓成交，這跟用801日圓指定價格買入的結果一樣。

那麼，不指定801日圓，而是指定803日圓價格的含義是什麼？那就是若有人搶先你用801日圓或802日圓的指定價格買入時，你會以803日圓買到。

當買入訊號出現，你很想要立刻買入時，就不該指定價格，而是以市價買入。

■（5）以市價下單買入

想要立刻買到100股，就不要指定價格（採用限價的方式），而是應該以市價下單買入。以市價下單的話，就能與當下丟出的指定價格賣單中最便宜的價格撮合，立刻成交。若是A公司的報價版面不變的話，可以立刻用801日圓買到100股。

■ 想要避免離譜追高，就應該指定一個最高價格

出現買入訊號的個股，雖然應該以市價買入，但是市價買入也有缺點。

股票報價如下頁的時候要注意。

賣出股數	價格	買入股數
1,500	816	
100	804	
200	801 ← A公司股票現價	
	799	2,300
	798	12,600
	797	5,200

　　在高速交易普及的現在，要是一瞬間有大量市價買單，報價上所有便宜的貨可能立刻就被掃光。798日圓有12,600股的買單掛在上面，指定賣出的單都只有一點量。低價的買單若有一部分變成市價，看得到的指定價格賣單若都被吃下，股價很可能瞬間拉高。這樣的話，你只是晚一秒下單用市價買入，就會變成買到816日圓或甚至更高的價格。

　　到804日圓為止還會想買，再高就不想買了，就不該以「市價」掛單買入，而是以804日圓的指定價格下單買入。運氣好的話，只要報價不變，你也能用801日圓買到。即使801日圓的賣單都先被買走，只要還剩下804日圓的，你就能以804日圓買到。如果連這個價格的賣單都被買光，你下的單就不會成交，會留在市場上等待撮合。

看懂布林通道

■什麼是「布林通道」（BBAND）？

在第5章，我們要來學習我在基金經理人時代最信賴的，從「布林通道」獲得的買賣訊號。這是美國分析師約翰·布林（John Bollinger）想出來的，因此以他的姓氏命名。

「布林通道」就是以移動平均線和標準差計算出來的兩條線。

- 「移動平均」＋（「標準差」×2）
- 「移動平均」－（「標準差」×2）

兩條線配在一起，就稱為「布林通道」。

在股價線圖上，如果不只看移動平均線，再加上看兩條布林通道的話，用來觀察股價的波動性變化非常便利有據。

下列就是在2019年～2020年日經平均週K線圖上，再畫上13週移動平均線與兩條布林通道的圖。

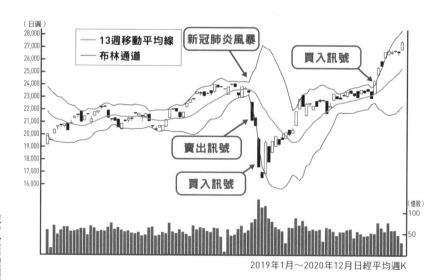

2019年1月～2020年12月日經平均週K

2020年2月，因為新冠肺炎風暴急跌的地方出現了賣出訊號，進一步下跌後出現買入訊號。之後，11月也出現了買入訊號。如果能夠精準按照訊號買賣，就會獲利豐厚。

■「買入訊號」的本質

　　顯示「有某種好消息出現，投資人一起開始買入的瞬間」，就是布林通道的「買入訊號」出現。此前一直平穩移動的股價，突然一口氣開始大幅上漲的那一瞬間，這就是用來掌握住那種瞬間的訊號。此時，應該要趕緊買入，時機太早或太晚都不好。

　　太早的話，很容易被假反彈欺騙。趁股價漲上去的時候買入，結果那裡是天花板，馬上又跌下去，這就是假反彈。

　　太晚動作的話，也容易有問題。股價已經大幅上漲了以後，好消息或許已在股價中反映完畢了。

　　剛剛好的時機如下。

（1）上漲勢頭加強的時候

已經無法回頭、不是假動作，速度已經出來了的狀態。

（2）消息還很新的時候

上漲加速後的時日尚淺，漲上來只有一週左右的時間。

■「賣出訊號」的本質

　　賣出訊號就是買入訊號的相反。顯示「有某種壞消息出現，投資人一起開始賣出的瞬間」，就是布林通道的「賣出訊號」出現。

■從布林通道的寬度，看出股價的波動變化

　　布林通道的寬度是：如果行情大幅震盪就會擴大，行情穩定的話就會縮小。下列重新刊載了前面的線圖。

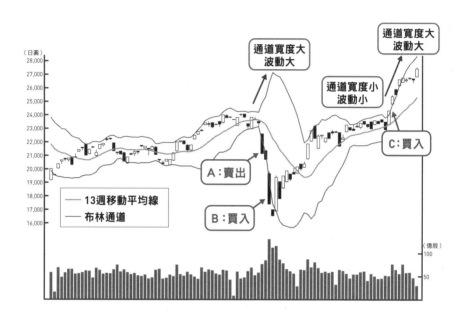

這點一定要記住！

■ 搭上波動擴大的起動：我最信賴的買賣訊號

- 買入訊號：在通道寬度狹窄的地方股價急速上漲，上升越過通道的地方，就是「買入」的地方
  →在左頁線圖中，就是「C：買入」。

- 賣出訊號：在通道寬度狹窄的地方股價急速下跌，下跌超出通道的地方，就是「賣出」的地方
  →在左頁線圖中，就是「A：賣出」。

■ 波動太高時的逆勢操作

- 買入訊號：在通道寬度變寬的地方股價近一步急跌，掉出通道之外的話就是「買入」的地方
  →在左頁線圖中，就是「B：買入」。

- 賣出訊號：在通道寬度變寬的地方股價進一步急漲，漲到通道之外的話就是「賣出」的地方

41 什麼是標準差？

在常態分布的數據中，「平均值±標準差」的範圍所涵蓋的數據，約占整體數據的多少％？「平均值±2標準差」又涵蓋了整體數據大約多少％？請從下列各自選出答案。

A：約20%　B：約68%　C：約95%

請參考下列這張圖，再思考一下。

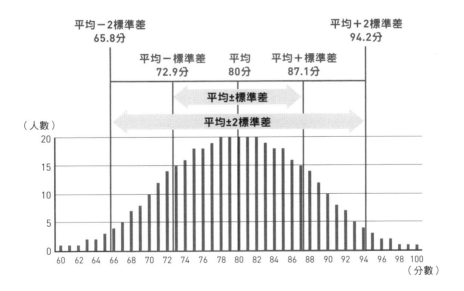

這張圖顯示的是412位學生考試的結果，是得分人數的分布圖。最低分是60分，最高分是100分，平均分數是80分，標準差是7.1分。以平均分數80分為中心，幾乎是常態分布。平均值±標準差是72.9～87.1分，平均值±2標準差則是65.8～94.2分。

■ 布林通道與標準差

為了使大家正確理解布林通道的含義，我出了這道理解標準差的題目。「布林通道」是在移動平均線上下畫出的兩條線，一條是「移動平均＋2標準差」，另一條是「移動平均－2標準差」。如果股價是常態分布的話，在上下兩條布林通道的範圍內，約可涵蓋股價的約95%。

在13週移動平均線的上下畫出布林通道，假設過去13週一直持續波動小的行情，那麼布林通道的寬度就會變得狹窄。

此時，若股價突然急速上漲，碰到布林通道的上緣了，這是什麼意思？很可能是過去13週沒有的「新動作」出現了。可能有什麼新的好消息出現了，波動變大了。在這裡買入的話，就能搭上剛出爐的好消息。

不過，過去13週一直持續著波動高的上漲行情，當布林通道變寬的時候，股價又進一步漲到超過通道上緣的時候，事情就不一樣了。

很少有在高波動的上漲行情持續後，又進一步劇烈上漲的，所以很有可能是「漲過頭」了。像在這種時候，就是應該稍微賣一下的時候了。

正確理解布林通道加以善用，就會變成很厲害的武器。接下來，請繼續一面解題，一面確實練習理解吧。

下列是D、E、F、G四家公司26週股價線圖。

在後半13週，波動性會上升的線圖有哪兩個？

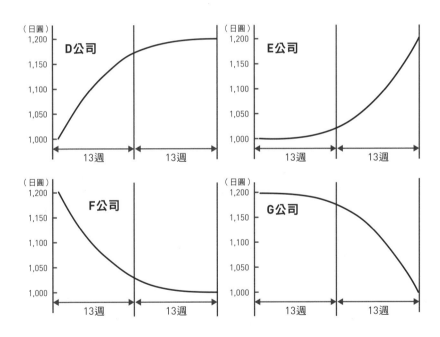

第5章　看懂布林通道

⚠️ 提示　**波動性與股價的關係是……**

波動性上升，是指股價變動得更激烈。波動性上升的話，布林通道的寬度會擴大。相反地，波動性降低，就是價格變動小，布林通道的寬度會縮小。

　　下列的圖在四家公司後面一半13週的線圖上，又加上13週移動平均線與布林通道。E公司與G公司的波動性上升，通道寬度正在擴大。E公司是股價站上了通道上緣（買入訊號），發生股價站在通道上緣上漲的「趨勢通道」（Band Walk）。G公司也是，不過是股價沿著通道下緣下跌發生的「趨勢通道」。

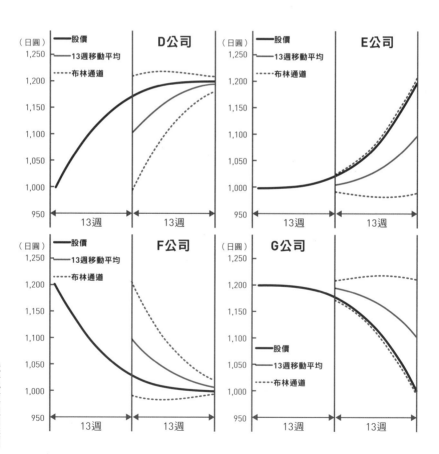

Q 43　買入訊號後的急跌

　　下列是在東證一部上市的Ｈ公司過去五個月的週Ｋ線圖上，再加上兩條布林通道的線圖。三週前，在出現了一根大陽線時買了100股，但是在那之後就急跌了。

是該賣、該買，還是再觀察看看？該怎麼辦？

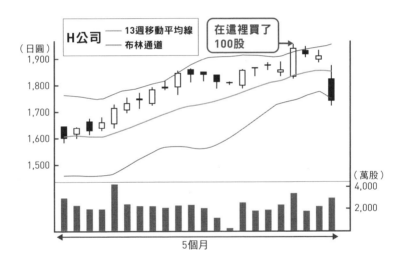

| | 13週移動平均線 |
| H公司 | 布林通道 |

在這裡買了100股

（日圓）
1,900
1,800
1,700
1,600
1,500

（萬股）
4,000
2,000

5個月

(!) 提示　**從布林通道看懂波動率的變化**

　　波動率是如何變化的？請想看看。再出一題提供參考：A.42 D、E、F、G四家公司的變化如下。

- D公司：股價上漲、波動率降低
- E公司：股價上漲、波動率上升
- F公司：股價下跌、波動率降低
- G公司：股價下跌、波動率上升

A.43 要賣出

■ 應該是有什麼壞消息出來

H公司的股價到上週為止，都還順利地走在上升趨勢中。13週移動平均線跟布林通道上軌之間，持續著並未過熱的上漲。然而，在三週前出現了一根大陽線，在股價上漲越過布林通道的上緣時買了100股，我認為是不錯的投資判斷。

但是運氣不好，本週似乎出現了很不得了的壞消息，股價突然跌破13週移動平均線，急跌掉出布林通道的下緣。

突然的波動性上升，造成股價急跌。這樣一來，過去買了H公司的投資人也有慌張拋售的可能性。趁著受傷還不大，應該要趕快停損。

■ 遇到運氣差的時候，更應該要冷靜

買入的判斷明明不差，也會因為運氣不好，股價立刻急跌。在這裡停損雖然難過，但是能夠做到這一點，你就是操作高手了。猶豫不決繼續觀察，或是過度加碼也是不行的。

在本書，「明明買在買入訊號出現時，卻倒霉遇到股價急跌而必須停損」，這樣的模式我一直反覆出題。

在現實中，如果你的運氣不是太差，並不會屢次遇到這種倒霉事。偶爾遇到很嚴重的倒霉事時，如果能夠冷靜應對，接下來或許就會遇到超級幸運的交易了。

在Q43 H公司的週K線圖上，再畫上之後三週的股價動向。Q43的正確答案是要賣出（停損），不過也請思考一下，如果沒賣一直續抱、未實現損失擴大的情況。

此時，是該賣、該買，還是再觀察看看？該怎麼辦？

H公司成交量大幅擴大的同時股價暴跌，這很可能是被壞消息嚇到的投資人大量拋售股票的結果。

波動性急速上升，布林通道的幅度急速擴大。股價突破了布林通道的下緣，正在進一步下跌。

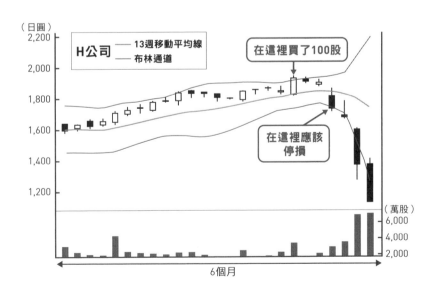

■ 在通道幅度寬的地方突破下緣

　　H公司的股價在布林通道幅度變寬的地方進一步急跌，突破了通道下緣。看到成交量急增的地方，應該被拋售相當多的股票了。如果手上完全沒有持有的話，看準反彈稍微買一點是滿不錯的。只是實際上持有100股，在這裡加碼的話，或許就持有過多了。

　　移動平均線轉為往下的H公司，無論如何都應該找賣點停損。稍微觀察一下情況，等待反彈時停損吧。後來，H公司的股價變化如下。

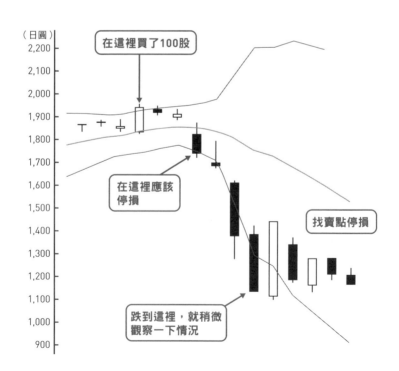

（日圓）

在這裡買了100股

在這裡應該停損

找賣點停損

跌到這裡，就稍微觀察一下情況

45 綜合性的判斷力

下列是I公司過去九個月的週K線圖。

是該賣、該買，還是再觀察看看？該怎麼做？

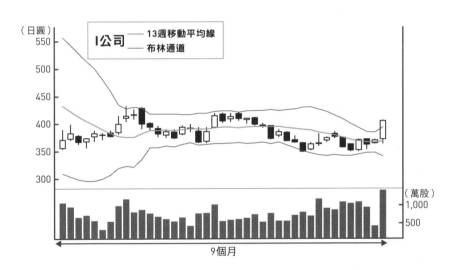

（日圓）

I公司 ── 13週移動平均線
── 布林通道

9個月

（萬股）

提示　將先前學到的知識總動員！

（1）成交量如何變化？
（2）K線的型態如何？
（3）線圖的關卡在哪裡？
（4）盤整結束了沒？
（5）移動平均線的傾斜度變成什麼樣子？
（6）布林通道的幅度是寬或窄？
（7）股價在布林通道的哪裡？

我們把前面學過的一一檢視一下吧。

（1）成交量急增（似乎有什麼好消息出現）。

（2）出現了一根「大陽線」（K線是強勢的型態）。

（3）股價還沒越過線圖上的關卡（股價漲到關卡前，反彈賣壓可能增加）。

（4）盤整結束了（反彈高點已經過了四個月）。

（5）13週移動平均線逐漸轉為向上。

（6）在布林通道狹窄的地方，股價急漲超過通道的上緣（買入訊號）。

股價雖然尚未擺脫線圖的關卡，但是總觀來看，判斷可以「買入」。I公司雖然花了四週時間消化線圖關卡上的反彈賣壓，後來便沿著通道繼續上漲。

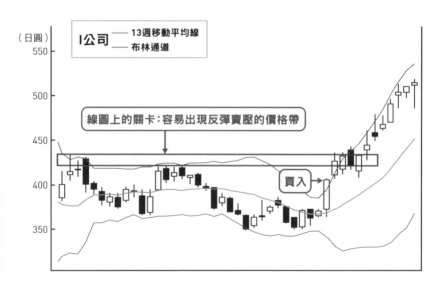

移動平均線與布林通道

下列是J公司與K公司六個月的線圖。

是該賣、該買,還是再觀察看看?該怎麼辦?

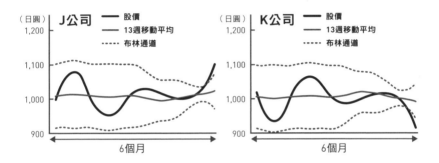

（日圓） **J公司** ━ 股價
1,200 ━ 13週移動平均
‥‥‥ 布林通道
1,100
1,000
900
◄──────► 6個月

（日圓） **K公司** ━ 股價
1,200 ━ 13週移動平均
‥‥‥ 布林通道
1,100
1,000
900
◄──────► 6個月

🔑 重要觀念 **從線圖上可以看出的事**

「線圖上的買賣訊號完全不可信」,我曾與這麼說的基金經理人辯論過。我問他:「為什麼?」他說:「線圖上的訊號,就像占卜或咒文一樣,很多是騙人的。」原來如此,確實也有那種像占卜師一樣的分析師,看著難以判斷該買還是該賣的線圖,一臉憂懼地告訴你:「興登堡凶兆出現了,最近會下跌」,我也不相信那種人。

我的線圖看法很簡單。從線圖上看出的就是「供需」,有人想賣、有人想買,看懂這些訊號然後跟上。實際上,我很少看到光靠技術指標就完全有自信做出正確投資判斷的線圖,有九成以上的線圖都是「無法立刻準確判斷,需要再觀察看看。」

■ 布林通道幅度變窄的地方，股價有大幅變動

在布林通道寬度窄的地方，股價超越通道外的時候，就是交易的機會。這個模式是我在基金經理人時代最信賴的買賣訊號。

J公司與K公司的股票，都是從六個月前開始到一個月前為止，可以確認看出布林通道的寬度逐漸縮小。股價一直來來去去在箱型行情中，變動幅度越來越小。也就是說，如果沒有新的消息，股價不論往上或往下，都不大容易變動了。

然而，現在股價突然跳出布林通道之外。J公司是股價急速上漲超過布林通道，K公司則是股價急跌掉到布林通道下緣外了。我們再複習一次布林通道的解讀含義吧。

■ 複習布林通道

（1）布林通道是指「13週移動平均線＋2標準差」與「13週移動平均線－2標準差」畫出的這兩條線。

（2）過去13週的股價若常態分布的話，股價落於兩條布林通道線之間的機率為95％。

（3）股價跑出布林通道之外，就是發生了過去13週未曾有過的新變動（波動性變大）的意思。

可能是出現什麼新的消息，使投資人突然急著開始買賣。消息還很新，預測因為消息而有動作的人還會再增加，所以應該可以跟隨動向。

47 大幅超越布林通道

在Q46 J公司與K公司的股票線圖上,再追加畫上三個月後的變動情況。

那麼,是該賣、該買,還是再觀察看看?該怎麼辦?

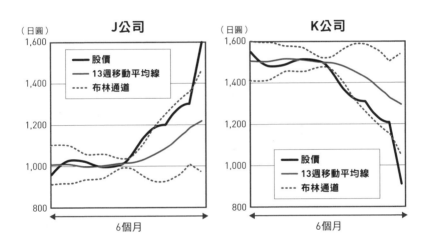

J公司

（日圓）
- 股價
- 13週移動平均線
- 布林通道

1,600
1,400
1,200
1,000
800

6個月

K公司

（日圓）
- 股價
- 13週移動平均線
- 布林通道

1,600
1,400
1,200
1,000
800

6個月

🔑 重要觀念　**把模式記在腦子裡**

Q46與這道題目中的J公司、K公司,是買賣訊號本質的問題,因此請牢記重點。

本書將過去實際上發生過的線圖,製作成題目帶各位逐一解謎。但是,光是這樣並不足夠,因為實際上在買賣股票的時候,並不會遇到跟過去看過的線圖完全一樣的線圖。雖然同樣的線圖不會出現第二次,但是同樣的模式會出現很多次,你應該記住線圖的模式。

A.47　J公司的股票要再觀察看看或賣掉；
　　　　K公司的則是再觀察看看或買入

■ 短期衝過頭了

　　J公司跟K公司的股票，都是在布林通道幅度變寬的地方，股價進一步有重大的變動而跑出通道之外。股價有可能是短期間「衝過頭」，因此順勢跟上這個動向（買入上漲的J公司，賣出下跌的K公司）是很危險的。在這裡，「再觀察看看」比較好。

　　考慮到股價「衝過頭」有反轉的可能性，逆勢操作看看（賣出上漲的J公司，買進下跌的K公司）也是滿不錯的。只是，逆勢操作經常都是危險的賭注，因為股票有可能就這樣順勢一直往上或繼續往下跌。

　　J公司的股價在急速上漲開始之後，還只上漲了60％。由於是短期過熱，眼前的股價有可能反跌。不過，如果是小型人氣成長股的話，也可能調整完速度再度上漲，股價翻成2倍或3倍。

　　K公司的股票下跌速度太快了，因此也有短期反彈的可能性。只是開始急跌後，只跌了40％，進一步下跌到一半以下的可能性也是有的。成長故事崩壞的小型成長股，股價會從巔峰變成「半價打八折再打八折」，也就是有可能跌到巔峰價格的三分之一，必須小心注意。

　　逆勢與順勢的分別用法，我們會在第6章進一步詳細學習。

大約三個月前，以1,100日圓買了L公司100股。大約四個月前，以1,100日圓買了M公司100股。買入之後，股價一時之間漲到1,900日圓，但是之後就下跌了。L公司跌到1,350日圓，M公司跌到1,750日圓。

L公司與M公司的股票，要賣的話該賣哪支？

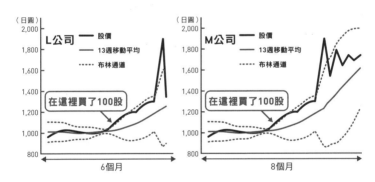

> ⚠️ 提示　**急漲後的股價的不同之處**
>
> 　　兩家公司都是Q47 J公司後來的情形，列出下列兩種模式。
>
> 　　Q46的J公司，股價是在布林通道幅度窄的地方一下子上漲，碰到1,100日圓，然後超越通道上緣。那裡是買入的好機會，假設實際上在那裡買了100股。
>
> 　　在Q47中，J公司漲到1,600日圓，在通道幅度寬的地方突破了上軌。在這裡，我的解說是「再觀察看看」。J公司在那之後漲到1,900日圓左右，就反轉下跌了。兩家公司到上漲至1,900日圓為止，動向都是一樣的，但是後來的走勢就不同了。

■L公司的股價狀態很危險

　　L公司的股價花了兩週時間，從1,300日圓開始快速漲到1,900日圓之後，才不過一週就跌到1,350日圓，回到上漲前的水準。這就是急漲時的利多消息被以「內容不值一評」、「是假消息」等理由完全否定的形式。

　　急漲時飛奔湧入的投機客，處於梯子突然被抽走的狀態。他們應該正在等反彈就會立刻賣掉，或許也會忍耐不住立刻停損。

■M公司的股價在速度調整結束後，有可能會再往高點上衝

　　M公司在急漲之後，形成了下列的三角收斂。總有一天會往上或往下噴發，但是還不清楚會往哪個方向。

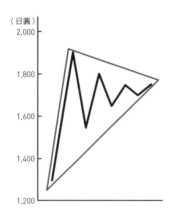

（日圓）

　　比起三角形收斂上邊的往下傾斜角度，下邊往上的傾斜角度更陡，因此之後往上噴發的可能性稍微高一點。

下列是 N 公司四個月的日 K，再加上 25 日移動平均線與布林通道和成交量的線圖。就如線圖上所示，參照布林通道的訊號，進行過三次交易。

伴隨著成交量增加，股價越過通道上軌的「買入 1」「買入 2」都算成功。股價沿著趨勢通道上漲後，在往下貫破通道上軌的地方賣出，實現利益。然而，在「買入 3」後失敗，買了之後就下跌，於是停損。

是該賣、該買，還是再觀察看看？該怎麼辦？

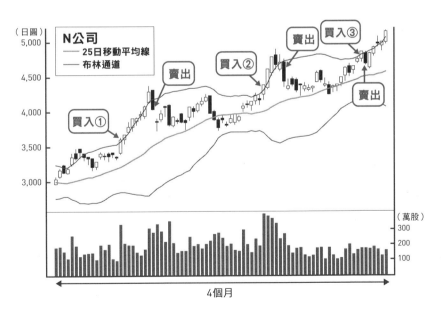

基於下列三個理由，想在這裡加碼。

（1）25日移動平均線是向上的（上升趨勢仍然持續）。

（2）超過了上次的高點（比較不會有反彈賣出）。

（3）超越了上方的布林通道（有上升力道）。

不過，基於下列兩個理由，再觀察看看也是OK的。

（1）成交量沒有明顯增加。

（2）超越上軌是在趨勢通道走了一陣子之後。

■之後，股價下跌了。雖然可以買，卻被迫停損

N公司的股票之後的動向，可以看接下來的Q50。遺憾的是，買入操作失敗了，需要停損。

但是，這道題目的答案是「買入」或「再觀察看看」。以結果論，「賣出」是好的，但不是正確答案，在這張線圖上並沒有在這個時機應該賣出的理由。

在本書，為了讓各位模擬體驗現實中的交易，給各位看了許多就算依照買賣訊號買賣仍失敗的案例。這裡的重點是：如果訊號不準，就要盡快停損。你應該明白，只要繼續沉穩地遵從訊號買賣，準確率會比失誤率高，這樣就能逐步累積增加獲利。

重要觀念 **要看「週K&13週移動平均線」，**
還是「日K&25日移動平均線」？

　　如果沒辦法整天看著股價變動的人，就利用「週K與13週移動平均線」，以中長期交易為主比較好。想靠短期交易反覆操作逐步累積獲利的人，就應該看「日K與25日移動平均線」（或是更短期的移動平均線）來交易。

50

怎麼又到高點了？

下列是 Q49 N公司股價後來的發展情形，下跌了一段後再度創高。

在這裡，是該賣、該買，還是再觀察看看？該怎麼辦？

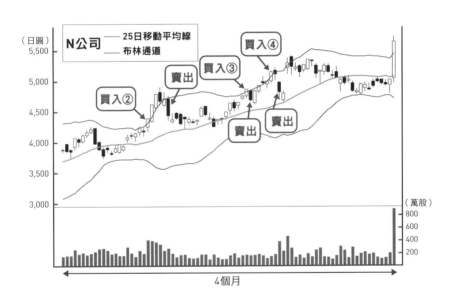

🔑 重要觀念　**短期的通道訊號會有假訊號**

　　移動平均線與布林通道的期間設定得越短，買賣訊號出現的頻率就會越上升，股價很容易會超越通道外緣。買賣訊號出現得多，失準（假訊號）的情況也就多，使用短期訊號的交易就是這樣。即便如此，準確率還是比失誤率大，遵守訊號買賣還是比較有利的。

應該買入的理由有五個。

（1）出現了一根「大陽線」→行情走勢很強

（2）成交量急增→似乎出現什麼很棒的利多消息

（3）成交量急增的第一天→利多消息仍新鮮

（4）創高→比較不容易出現反彈賣壓

（5）股價超越布林通道的上緣→股價力道很強

實際上，N公司在那之後就像下列這樣股價大幅上漲。

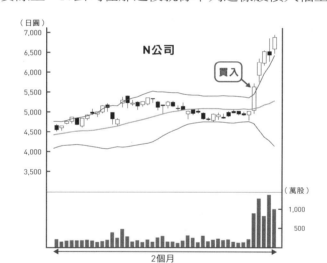

在這裡，很重要的一點是，N公司在線圖上已經確認是上升趨勢。趨勢已經出來的股票，只要懂得順勢操作，很容易就能賺取利益，應該積極操作。另一方面，若趨勢消失，在來來回回的箱型行情中，有時不大能夠賺到利益。

看清楚是趨勢行情還是箱型行情，懂得順勢交易是很重要的事。關於這一點，我們會在下一章中學習。

輕鬆駕馭波動的「小額定期投資術」

本書提供認真、仔細看線圖再進行買賣的訓練，我當然也知道很多人「哪有閒工夫看線圖」。

對於這些朋友，我想推薦的是「指數型基金」和「小額定期投資」。「指數型基金」就是設計成與世界各國的股價指數等連動的投資信託，例如：對反覆激烈震盪的日經平均指數基金等投資，每個月以1萬日圓、2萬日圓等固定金額小額投資，長期下來也是很有成果的。為了讓你理解小額定期投資的威力，我做了一個簡單的例子。首先，請你回答下列這道謎題。

■【問題】A、B，要投資哪檔投信基金？

假設想對投信A、投信B 1個月後與2個月後，各投資1萬日圓。那麼，3個月後的資產價值，哪一個會比較大？

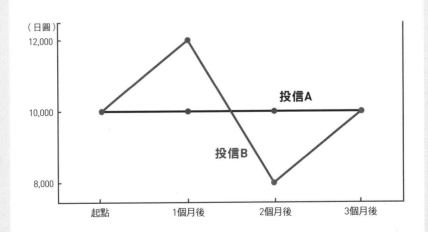

■【答案】投資投信Ｂ比較划算

投資投信Ａ的話，2萬日圓在3個月後仍是2萬日圓，因為價格沒有變動，所以既沒損失也沒獲利。另一方面，投資投信Ｂ的2萬日圓，會增加到2萬800日圓。

投信Ｂ在1個月後漲到12,000日圓時，1萬元只能買到0.83個單位（＝10,000日圓÷12,000日圓）。然而在2個月後，跌到了8,000日圓，1萬日圓可以買到1.25個單位（＝10,000÷8,000）。加起來，兩個月可以取得2.08個單位。3個月後，只要價格回到10,000日圓，估值就變成20,800日圓，增加了800日圓。

像這樣，妥善對高低震盪的資產進行投資，就能有效發揮小額定期投資的威力。

■ 對基金經理人來說最棒的「小額定期投資」

我有超過25年的時間，都是從事操作年金、投資信託等買賣日股的基金經理人。在我擔任基金經理人的時代，有感到十分遺憾與十分開心的事。

首先是遺憾的事。我操作的公募投信（日股主動型基金），是以日經平均的高價圈設定增加（買入），但是在低價圈卻幾乎沒有設定。

至於我覺得十分開心的事，就是我操作的基金是DC（企業儲蓄年金）的操作標的，多數企業都採用我的基金。對於DC，每個月都持續會有一定金額進來，參與者從薪水自動扣除，進行小額投資。

在日經平均大暴跌、人人都很悲觀的時候，就是最佳的投資機會。作為基金經理人，我希望各位在類似這種時候，更要好好地確實增加投資。公募投信在這種時候並未設定，但是DC基金則會很淡定地定期定額投資下去。

第 6 章

分辨出是趨勢，
還是箱型整理

■ 什麼是「趨勢行情」和「箱型行情」？

行情可以大致分成兩類：

* 趨勢行情：持續上升趨勢或下降趨勢。
* 箱型行情：在一定的價格範圍內，反覆上上下下。

在這裡，我要先問各位一個問題：趨勢行情和箱型行情，各位喜歡哪一種？或者說，你擅長哪一種？

如果喜歡「箱型行情」的話，那很抱歉，我想你恐怕是初學者了，或是經過長年累月的交易，但還在煩惱不大能夠賺到錢吧。

（1）容易透過交易賺到錢的是：趨勢行情

持有「多頭」部位，只要上升趨勢持續，續抱就能使獲利大幅膨脹。如果是可以一整天盯盤的人，也有在上升趨勢中反覆買賣套利的方法。

不過，容易產生重大損失的，也是趨勢行情。一直抱著進入下跌趨勢的個股，帳上損失也會大大膨脹。進入下跌趨勢的話，沒什麼好說的，就是「賣出」。老老實實地跟著趨勢走，就是靠交易賺錢的鐵則。

（2）在箱型行情中，無法獲得太大的利益

在狹窄的範圍內反覆來來去去，也可以做很多次的交易，一點一點地賺。雖然判斷正確，一直贏的感覺真的很好，但是獲利不大能夠放大太多。

在這裡，我要告訴大家兩項在趨勢行情中賺錢的鐵則。

* 要跟隨趨勢
* 停損要快，停利要慢

散戶投資人，特別是初學者的缺點就是「很快就停利，很慢才停損。」為了不讓「未實現利益」迅速消失，所以想趁早「實現利益」。然而，有了「未實現損失」，卻不想很快「實現損失」，傻傻地以為只要耐心等候，股價或許就會回來。

「停利很快，停損很慢」，就會把好的股票早早放手，留下一堆壞的股票。像這樣操作股票的話，即使是在像下列這樣的箱型行情中來來回回小賺一筆，在上升趨勢中卻很容易賺不到錢，在下跌趨勢中又會有大損失發生。

下列線圖是「四次交易，三勝一敗」，但總損益是虧的。這是股市小白、初學者常有的買賣模式，特徵就是「停利很快，停損很慢。」

菜鳥常見的交易模式

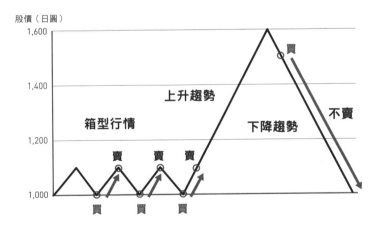

很多股市高手在箱型趨勢的期間，是不大有動作的。在上升趨勢出現時買入，只要趨勢持續就續抱。在下降趨勢的初期買入的話，就迅速停損。

股票的買賣訊號，大致上分成兩類：

- **趨勢（順勢）訊號：在趨勢行情中有效**

  表示「上升趨勢」或「下降趨勢」持續。暗示上漲中的
  股票會再漲，下跌中的股票還會再跌。

  （例）13週移動平均線往上，因此要「買入」。

- **震盪（逆勢）訊號：在箱型行情中有效**

  表示「跌過頭」或「漲過頭」了。預測上漲中的股票會
  轉為下跌，下跌中的股票會轉為上漲的時機。

  （例）股價在13週移動平均線上方乖離率30％，所以要
  「賣出」。

  在趨勢行情中，趨勢訊號經常準確。當趨勢出現的時
  候，若使用震盪訊號就會失準。

  若是趨勢轉換，震盪訊號就有用。不過，什麼時候、
  在哪裡轉換，誰也不知道。例如，股價暴跌，在13週移
  動平均線下方乖離率已有30%，判斷應是「跌過頭」了，
  於是買入，但是之後又再暴跌。到了下方乖離率40％時停
  損，卻又立刻急速反彈，像這樣的情況也是很有可能的。

■ 短期交易，順勢是鐵則

  趨勢訊號成功的可能性大。短期交易只要看趨勢訊號就
  好，而最好的狙擊點就是從箱型行情變成趨勢行情的時候。

  震盪訊號就算長期來說是正確的，但短期上失準的可
  能性高，因此不適合短期交易。

51

乍看之下很像的兩張線圖

A公司與B公司的股票，要買的話要買哪支？

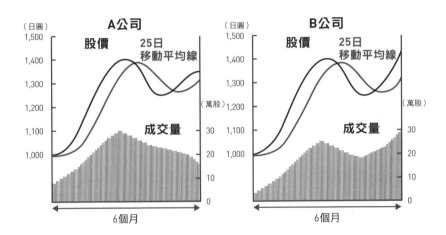

（日圓）　A公司
1,500
股價　　25日
移動平均線
1,400
1,300
1,200　　　　　　　（萬股）
1,100　　　成交量　　30
1,000　　　　　　　20
　　　　　　　　　　10
　　　　　　　　　　0
◄——— 6個月 ———►

（日圓）　B公司
1,500
股價　　25日
移動平均線
1,400
1,300
1,200　　　　　　　（萬股）
1,100　　　成交量　　30
1,000　　　　　　　20
　　　　　　　　　　10
　　　　　　　　　　0
◄——— 6個月 ———►

> 🔑 重要觀念　**「以為已經就是還沒，以為還沒就是已經」**
>
> 　　這句話是交易格言之一，表示預測的困難度。意思是：「你以為上升趨勢已經結束了，結果賣掉之後才開始大漲。你覺得還會再漲所以買了，結果那裡是天花板，股價之後下跌了。」同樣地，也可能是「你以為下跌趨勢已經結束了，結果還是繼續跌。你以為下跌趨勢還會繼續，結果卻已經結束了」的意思。
>
> 　　「趨勢行情會持續，還是變成箱型行情？」，預測這件事是交易重要的萬年課題之一。上圖中的A公司和B公司，上升趨勢還會持續下去的是哪一個？

可以想見，Ｂ公司又有新的利多消息。

Ｂ公司的成交量增加，波段高點也在創新，利多消息可望進一步發酵，上升趨勢持續的可能性很高。

另一方面，Ａ公司的成交量在減少。一開始出現的利多消息，已經反映在股價裡，在接下來的高價位還會再進場買入的投資人，應該不會再增加了。眼下看起來，可能會變成往上往下都不容易的箱型趨勢。

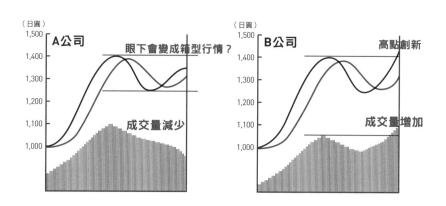

52 股價波動逐漸變小

C公司、D公司與E公司的股票，要買的話要買哪支？

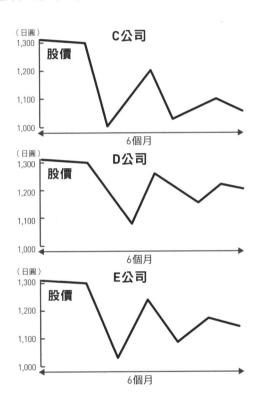

（！）提示　三角形收斂

　　這三家公司都是在五個月前急速下跌。下跌→上漲→下跌→上漲，如此反覆，漸漸形成三角形收斂。慢慢地，價格波動變小，很可能正在接近收斂點。

　　三角形收斂（箱型行情）持續中的這三家公司，雖然不知道會持續到何時，但是有可能回到趨勢行情。這時候往上走的可能性較高的是D公司。

　　請看下列線圖，比較一下三角形上邊的傾斜度（高點的下切角度）與下邊的傾斜度（低點的上切角度）。D公司低點往上切的斜度，比高點往下切的斜度大，因此之後股價有往上走的可能性。

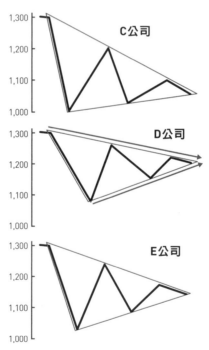

　　另一方面，C公司高點往下切的斜度比較陡，之後有往下走的可能性。至於E公司，高點往下切的斜度與低點往上切的斜度差不多，無法推測未來會往哪個方向走。

53 急跌後快速反彈

下列是F公司一個半月的日K線圖。

是該賣、該買，還是再觀察看看？該怎麼辦？

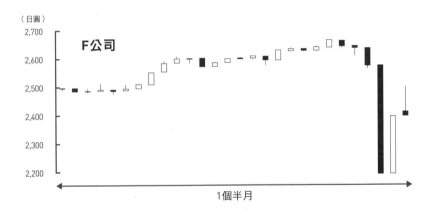

（日圓）

F公司

1個半月

🔑 重要觀念　**是在箱型區間，還是趨勢中？**

　　股價在2,500～2,600日圓的箱型區間內上下移動的F公司，突然急跌後又突然急速反彈。這樣下去，會回到原本的價格帶嗎？或者，下跌趨勢會持續下去？

F公司之後三天的股價變動如下。

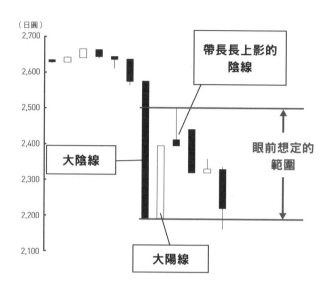

（日圓）

帶長長上影的
陰線

大陰線

眼前想定的
範圍

大陽線

　　F公司在股價缺乏變動的時候，突然出現了一根大陰線急跌，一天就暴跌了383日圓（15％），肯定是有什麼不得了的壞消息。

　　只要抵銷這根大陰線的「更長的大陽線」沒有立刻出現，那麼「下跌的動力」就不會消失。隔天出現的大陽線，比前一天的大陰線短，下跌的動力（勢頭）無法消除。接下來，還出現了「有上影線的陰線」，讓人覺得可能是「反彈暫歇」（股價停止上漲）的訊號。

　　眼前想定的範圍就如線圖所示，判斷應該「要賣出」。

54 急漲後急跌

下列是Ｇ公司一個半月的日Ｋ線圖。

是該賣、該買，還是再觀察看看？該怎麼辦？

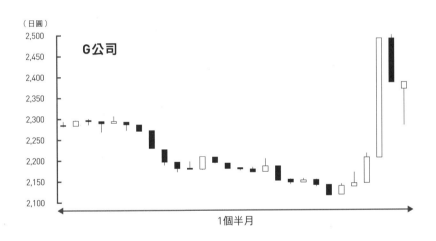

（日圓）

G公司

1個半月

> 🔑 重要觀念　**是在箱型區間，還是趨勢中？**
>
> 　以下跌趨勢推移的Ｇ公司，股價在急漲之後，急速反轉下跌。是否應該認為是上升行情結束，會回到原來的價格帶呢？或者，這是持續上升的趨勢呢？

　　G公司的線圖是與Q53 F公司完全相反的模式。上升的動力還沒有結束，因此會想要「買入」。

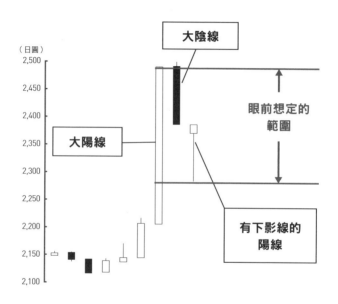

　　股價在2,200日圓時，出現了強大的利多消息而急漲，但是這個消息要漲到什麼時候才算反應完畢，誰也不知道。上漲到接近2,500日圓的時候，認為「有點漲過頭了」的投資人增加，於是急速反轉下跌了。但是，跌到2,280日圓的時候，覺得「跌過頭了」而買入的投資人增加。因此，眼前有可能在2,280～2,500日圓的範圍內來回移動。多頭的力道很強，因此很可能會再次試著上攻。

股價容易出現趨勢的是哪一種？

二選一，請各選一個答案。

(1)「小型成長股」，還是「大型價格偏低的高股息股票」？

(2)「景氣敏感股」，還是「防禦型股票」？

(3)「東證創業板MOTHERS上市股」，還是「東證一部上市股」？

🔑 **重要觀念**　**什麼是「景氣敏感股」和「防禦型股票」？**

「景氣敏感股」（「景氣循環股」、「週期性股票」），是指屬於景氣變動對企業業績會有很大影響的業種的企業股票。例如：電機、機械、汽車、鋼鐵、非鐵、石油、化學、海運、綜合商社等都包含在內。

「防禦型股票」，是指屬於景氣對企業業績帶來的影響相對小的業種的企業股票，也有人稱為「景氣中立股」。例如：食品、醫藥品、情報通信、日用品零售（食品超市、百元商店、便利超商、藥妝店、休閒服飾業者等）、化妝品、衛浴設備製品、電力、天然氣等都包含在內。

雖然業績因為新冠肺炎疫情受到很大的衝擊，但是鐵道業者、外食業者（家庭餐廳、迴轉壽司、牛丼、炸蝦丼、餃子、烏龍麵、漢堡速食連鎖店等），本來也都是防禦型股票。

A.55 容易出現趨勢的是：小型成長股、景氣敏感股、東證創業板MOTHERS上市股

■ 小型成長股容易出現趨勢行情，高股息的則是箱型行情

高配息的股票，股價越低，殖利率越高，因此有股息來支撐股價。每股配息40日圓、股價1,000日圓的話，殖利率就是4%。股價如果跌到800日圓，殖利率就會上升為5%。不過，若是配息減少（因為業績惡化等原因導致），就會失去股價的支撐。

■ 景氣敏感股的價格變動大，防禦型股票則是較為平緩

景氣敏感股會隨著景氣變動，業績跟股價也都會震盪。防禦型股票的變動，則相對平穩。

■ 東證創業板MOTHERS的股價變動大

在東證創業板MOTHERS買賣，往往容易變成單行道（如右圖），不可逆勢而為。

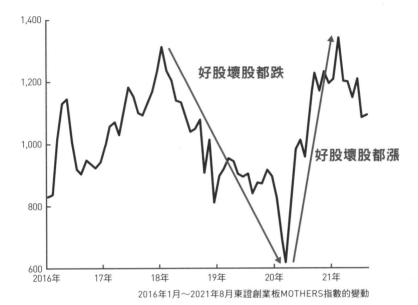

好股壞股都跌

好股壞股都漲

2016年1月～2021年8月東證創業板MOTHERS指數的變動

56　要跌到什麼時候呢？

下列是H公司三個月的股價線圖。

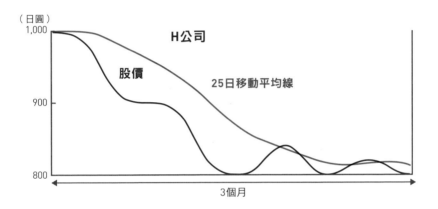

這次不只看線圖，也請考慮下列條件。

（1）H公司的預估殖利率為6.25%。

H公司發布，每股配發現金股利50日圓。殖利率＝（每股配發現金股利）÷（股價），三個月前股價1,000日圓，預估殖利率為5%（50÷1000＝5%）。股價跌到800日圓，現在的殖利率是6.25%（50÷800＝6.25%）。只要每股現金股利不變，股價持續下跌，殖利率就會上升。

（2）財務狀況良好。

（3）過去十年配息穩定（沒有減少，但也沒有增加）。

（4）H公司的股價下跌，是跟著日經平均連動。股價從1,000日圓急跌到800日圓，是受到日經平均指數急跌的影響，公司方面應無特定的壞消息。

■ 光看線圖判斷的話，「再觀察看看」比較保險

H公司的股價從1,000日圓跌到800日圓時，發生的下跌力道還沒有完全消除，因為25日移動平均線往下，股價還在25日移動平均線之下。等到25日移動平均線變成往上，股價爬到25日移動平均線之上再投資比較好。

那麼，光看線圖的話，可以在這裡判斷「賣出」嗎？也不理想。股價在過去一個半月，都在800~850日圓的範圍內形成箱型行情。25日移動平均線從向下，逐漸變成橫向持平，這表示下跌力道正在慢慢變弱。之後，有可能再次往下嘗試觸底，或是就這樣在此形成箱型行情的底部，但是光看線圖是無法判斷的。

■ 殖利率預估為6.25%的高殖利率股，可以「買入」

本書是訓練各位靠判斷線圖來賺錢的練習手冊，但是在現實中，我們要同時觀察線圖以外的因素來綜合判斷。

考慮到財務狀況良好，過去十年也沒有減少配息，是配息穩定的股票，就算在短期內股價有往下探的風險存在，但是以長期投資來說，判斷是可以「買入」的。

57 發現有不實或違法情事！

這是 Q56 H公司的後續發展。因為殖利率高而買了100股之後，馬上出現了壞消息。H公司被發現長年來有檢驗不實的問題，橫跨30年以上出貨的產品檢驗數據都是捏造的。對此肯定要付出巨額的課徵金，預期還會進一步引發企業客戶提告。

受到這個問題影響，H公司預估將轉為赤字而發不出股利。

此時是該賣、加碼買入，還是再觀察看看？該怎麼辦？

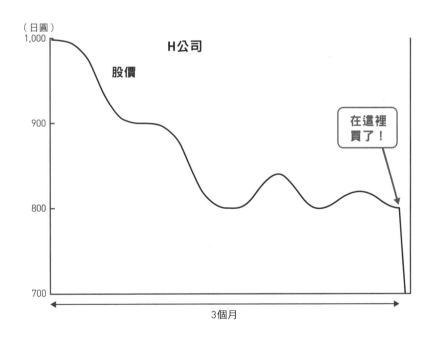

（日圓）

H公司

股價

在這裡買了！

3個月

■賣出訊號已經出現，所以只能賣了

　　股票買賣只要做過幾十次、幾百次，就一定會遇到超級幸運跟超級倒霉的交易。我在擔任基金經理人的時代做過數萬次的交易，不知道遇過多少次超級幸運跟超級倒霉的經驗。能夠徹底做到「無論發生什麼事，都要冷靜賣掉不能留倉的股票」，這是長期致勝需要的交易能力。

■若被精神上的打擊拖累，損失只會越來越大

　　「800日圓買的股票，突然變成700日圓」，是非常倒霉沒錯。但是，如果在700日圓賣掉的話，只須損失100日圓就沒事（先不計交易成本）。跌到700日圓就適時停損的股票，如果繼續暴跌到500日圓的話，我會比出勝利手勢。因為我知道雖然判斷失準但沒有大損失的話，接下來就會發生超級幸運的事。

　　人類是感情的動物，遇到超級倒霉的事時一定會心慌。就像是一直投得很完美的投手，被擊出一記全壘打之後突然崩潰一樣，在飽受精神打擊的狀態下繼續交易，很容易一直出錯。

　　我在本書會一直出買了之後急跌的題目，就是要讓大家模擬體驗超級倒霉的經驗，希望各位在實際交易中，即使遇到這樣的事，也可以泰然處之說：「啊！就是這樣嗎？只要停損就好」，冷靜地處理。

58

營收與淨利

下列是在東證創業板 MOTHERS 上市的 I 公司三個月的線圖、業務內容和業績變化。

是該賣、該買，還是再觀察看看？該怎麼辦？

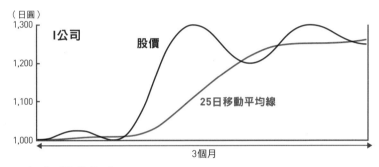

（1）**業務內容**

這是一家支援上班族創業的 IT 創投公司，除了製作、營運電商網站，還支援各項商務運作細節而獲得好評。公司因為開始從事副業的上班族急增，業績急速擴大。

（2）**業績變化**

決算期	2019年12月期 （實績）	2020年12月期 （實績）	2021年12月期 （實績）
營收	40億日圓	60億日圓	90億日圓
淨利	−14億日圓	−6億日圓	6億日圓

由於現階段沒有強大的競爭對手，期待在 2022 年 12 月期後，營收會以五成的速度持續擴大。

■ 光看線圖判斷的話，就是「再觀察看看」

股價兩度碰到 1,300 日圓的高點後就反轉下跌，看來未必不會再觸頂下跌。不過，25 日移動平均線是朝上的，仍有上升趨勢持續的可能性。因為不知道會是哪一邊，暫時「再觀察看看」比較妥當，似乎會在 1,200 ～ 1,300 日圓的範圍內持續箱型行情。

■ 考慮到有以成長股爆紅的可能性，故判斷「買入」

從到 2021 年度為止的業績變化來看，I 公司可能處於成長股最好賺的時候，因為營收以 50％的年率急速擴大，最終淨利由負轉正。

現階段沒有強大的競爭對手，如果以 50％的年率持續擴大營收，那麼獲利預估就會急速擴大為 24 億日圓、51 億日圓。

決算期	19年度 （實績）	20年度 （實績）	21年度 （實績）	22年度 （預測）	23年度 （預測）
營收	40億日圓	60億日圓	90億日圓	135億日圓	203億日圓
淨利	－14億日圓	－6億日圓	6億日圓	24億日圓	51億日圓

以毛利率50％、變動費率10％試算的結果

59　IPO後一年，股價趨勢往右下走

　　J公司在一年前以公募價格2,000日圓、上市價格2,800日圓在東證創業板MOTHERS上市，下列是上市後一年的線圖及業績預測。

是該賣、該買，還是再觀察看看？該怎麼辦？

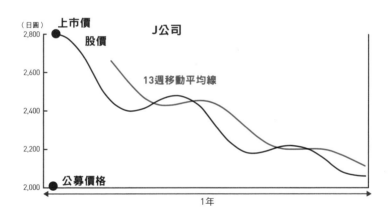

J公司的業績

決算期	前期（實績）	本期（預測）
營收	500億日圓	700億日圓
國內	400億日圓	500億日圓
海外	100億日圓	200億日圓
淨利	－120億日圓	－40億日圓
國內	100億日圓	140億日圓
海外	－220億日圓	－180億日圓

■ 光靠線圖判斷的話，就是「再觀察看看」或「賣出」

J公司的13週移動平均線是向下的，持續著平緩的下跌趨勢，並沒有停止下跌的訊號出現。

■ 但是，由於有作為成長股爆紅的可能性，因此判斷「買入」

J公司可能正在接近投資成長股最好賺的地方。光看國內事業：營收400億日圓→500億日圓，淨利100億日圓→140億日圓，已經是高收益的高成長企業了。由於海外事業出現大赤字，公司整體的獲利也持續是赤字。只是，海外事業的營收也由100億日圓→200億日圓，正在急速擴大中。雖然先行投資的負擔很重，出現了大赤字，但是海外營收只要能夠持續成長，應該也會轉為黑字。

J公司的營收在下一期以後，若能從900億日圓擴大為1,100億日圓，則試算淨利也會從黑字40億日圓擴大為120億日圓。只是在現在這個時間點，無法判斷下跌停止與否，暫時「再觀察看看」也是可以的。

■ 針對新IPO（首次公開發行）股，半年到一年後可以看準時機投資

IPO的上市價格，大多由於高成長期待而會偏高。在

上市價格之後，股價會暫時下跌，判斷在股價穩定下來的
半年到一年後，會是投資的好時機。

60

與其他同業比較

　　下列是K、L、M、N、O這五家公司過去六個月的股價與成交量，五家公司全都是氫能源相關領域中最受市場喜愛的個股。

K公司的股票是該賣、該買，還是再觀察看看？該怎麼辦？

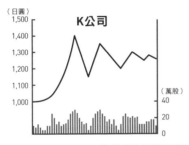

（參考）同業四家公司的股價線圖

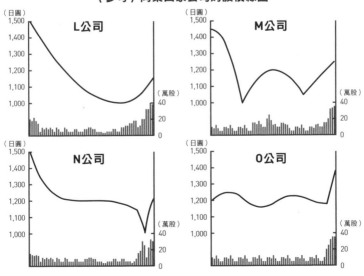

■ 光看K公司的線圖判斷的話，就是「再觀察看看」

K公司的股價正在三角形收斂持續收斂當中，差不多就要向上或向下噴發了，但是還不知道會往哪邊。

■ 氫能源相關個股都在一起上漲，這裡就要「買入」

K公司的股價光看線圖，也猜不出會往上還是往下。然而，考慮到同樣是氫能源相關的L、M、N、O公司，都開始帶著成交量上漲了，K公司應該很快也會被帶動走多。如下圖所示，K公司也預期會上漲。

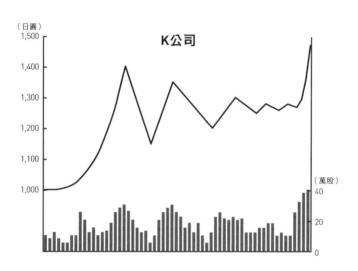

■ 觀察族群走勢很有幫助

「株探」（kabutan.jp）等網站工具的個股搜尋機制，請務必使用看看。輸入股市中你注意的概念、類別後進行搜尋，就會出現相關個股。光看一張股價線圖，經常看不出什麼，但是同一概念、族群的股票線圖同時看很多的話，就會知道大致的股價動向。很多時候，個股會沿著同一概念、族群的股價走向變動。

了解自己的風險容忍度

「知己知彼，百戰不殆」，這是《孫子兵法》的教導。《孫子兵法》的謀略中，也蘊藏了與股票投資相通的豐富智慧，因此我將它當成自己的座右銘。「了解投資風險，了解自己的風險容忍度，就不容易遭遇險境」，我是這樣解讀的。

最了解自己的人是自己，好像很多人都這麼以為，但這就是誤區所在。當投資的資產急漲急跌的時候，是否能夠保持冷靜，充分明白並掌握這一點的人非常少。

請看下列這張線圖，這是高風險、高報酬率的投信Ａ與中風險、中報酬率的投信Ｂ在四年當中的基準價額變動示意圖。

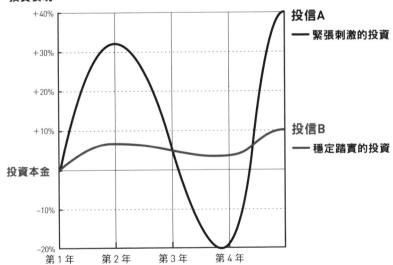

■每個人的風險容忍度都不同

假設各位有四年都用不到的多餘資金100萬日圓，你想投資投信Ａ，還是投信Ｂ呢？投信Ａ在四年後會增值40％，可以獲得年率10％的良好報酬率。另一方面，投信Ｂ在四年後只增值10％，是年率2.5％的報酬率。

應該投資哪一檔，取決於每個人的風險容忍度。四年後增值40％的投信Ａ，如果是每年都增值10％的基金，那真是太完美了。然而，行情之神有時心腸很壞，四年後上漲40％的基金Ａ，三年後有著20％跌破本金的試煉在等著你。在這裡恐慌賣掉的話，就表示你並不具備充分的風險容忍度去投資投信Ａ。

沒有充分風險容忍度投資投信Ａ的人，就應該選擇投資投信Ｂ。投信Ｂ四年後只增值10％，但是在這個零利率的時代，這可說是相當不錯的投資成果了！

高風險、高報酬率的金融商品與低風險、低報酬率（或中風險、中報酬率）的金融商品組合起來，可能就成為風險容忍度剛好的金融商品。投信Ａ和投信Ｂ若持有各半，就能減輕整體的風險。

所有的金融商品，都可以分類為高風險、高報酬率，或是低風險、低報酬率（也有中風險、中報酬率。）越是投資期望報酬率高的金融商品，中途緊張刺激的可能性也就更大。如果想投資期望報酬率高的投信Ａ，但無法承受太大的價格變動，那麼選擇每個月定額投資的小額定期投資也很好。

留意小型成長股的線圖

■ 這是投資小型成長股有賺頭的時代

到了21世紀，被稱為「第四次產業革命」的經濟結構變化急速發展。隨著這個發展，也進入了在東證創業板MOTHERS等上市的小型股出現許多高成長企業的時代。

被舊商業模式束縛的大企業在衰退中，這是創業10～20年、年紀介於30～40幾歲的年輕創業社長率領獨特企業急速成長的時代。

在日本，十分遺憾的是並沒有像美國GAFAM（Google、Amazon、Facebook、Apple、Microsoft）這樣，控制著全世界IT基礎建設的巨大成長型企業出現。即便如此，仍然出現了許多以獨特服務成長的利基企業。將來，隨著全球AI（人工智慧）、IoT（物聯網）、5G（第五代行動通訊系統）、服務型機器人的加速運用，相信在日本也會誕生許多相關成長型企業。

帶來如此重大變化的根基，就是產業結構的改變。製造業衰退，變成IT產業飛躍。

在20世紀時，製造業站在世界頂端，是成為成長型企業的條件。20世紀是人類努力追求「物產豐足」的時代，這是開發出使生活豐足的物產、低成本快速量產技術製造業大幅成長的時代。

然而，進入21世紀，情況大幅改變了，變成很難單靠製造業賺大錢的時代。即使物品受到歡迎、一時之間不足，也能夠立刻大量供給，使得價格急速滑落。韓國、台灣、中國、日本的製造業者，一再無視利潤，過度競爭。

　　像這樣物產剩餘的時代，經常不足的是優質的服務。無論醫療、照護、保育、犯罪預防、保全、教育、宅配、熟練的建築工人等，優質服務不足的領域相當多。由於服務無法像物品那樣在工廠大量生產，在人手不足的情況下，優質的服務經常性的不足。

　　此時，創造出能以便宜價格，大量供應優質服務機制的企業，就成為21世紀的高成長企業。將提供人力的優質服務，透過IT低價供應的企業，有望成為高成長企業。

　　例如電商，可以省去實體店鋪的營運成本，透過網路量化供應零售服務。不只是零售，金融服務、醫療服務、人力資源、顧問諮詢、教育、測量、旅行安排、預約服務等，已經變成各領域都可以用網路代替實體的時代了。

　　今後，在AI、IoT、5G、機器人等相關應用領域（如自動駕駛、Fintech等），都會出現許多21世紀的成長型企業吧。

■ 成長股的三大條件

　　我在擔任基金經理人的時代，為了找出小型成長股，會盡量去研究探訪受到成長期待的領域的企業，然後再選出要投資的企業。有時，我會在一年中探訪100家以上的企業，才選擇投資標的。

我在決定投資成長股之前，都會檢查三項條件。滿足此「三高」，我才會判斷是「合格」的成長股。

成長股三要件

（1）市場成長性：高

（2）市場占有率：高

（3）市場進入障礙：高

現在由於IT使經濟結構截然不同，可以找到許多成長股的候選標的，但是要辨別是不是真正的成長股很不容易。

滿足前兩項成長條件（高成長性、高市占率）的企業，可以找到很多。但是，連第三項條件（進入障礙高）都滿足的股票標的，不是那麼簡單就可以找到的。

一旦出現了過去所沒有的新網路服務，IT企業需求急增的話，投資人就會開始傳說這就是成長股。流言滿天飛，股價就會大幅上漲，但之後才是問題所在。經常發生的情況是，許多企業湧入市場，轉眼間變成過度競爭，賺不到利潤。如此一來，股價就會暴跌。

進入障礙低的企業，可以成長的期間非常短。因此，我在調查成長股的時候，都要仔細調查第三項條件（市場進入障礙高）是否滿足。

■ 再次強調：要瞄準十倍飆股，就要會看線圖

往後將是出現許多暴漲小型成長股的時代。候選企業非常多，但是其中真的會變成高成長企業的，應該只有不到一半。

假設所有人都期待成為瘋狂高成長的十檔股票當中，真正成長的只有四檔股票，有六檔個股的成長故事會以崩垮告終。這麼一來，四檔個股雖然大漲，但是有六檔個股會暴跌。如果投資了錯誤的個股，又無法即時果斷停損、持續持有的話，就會造成重大損失。

　　即便如此，還是應該多多挑戰投資小型成長股。個股就算暴跌，只要及早停損，長期持有真正的成長型企業股票，就算只有四成是真正的成長型企業，也能有很好的投資績效表現，這就是投資成長股的本質。

　　成功投資成長股致富的人，經常會提及讓他們大賺的個股，但背後應該也有許多及早將判斷失誤的個股停損的故事。就是因為能夠做到及早停損，才能透過投資真正的成長股賺到大錢，這點無庸置疑。這就是靠投資成長股賺錢的「技術」。

　　及早將判斷失誤的個股停損，是投資高成長個股賺錢的條件。不過，抱有成長期待的企業，要察覺到成長故事崩壞，有時要花上很多時間。當你清楚知道這是判斷失誤的個股時，有時都在股價已經暴跌、受傷慘重的時候了。因此，在這之前，當你覺得「好像怪怪的」，就必須快速停損。

　　暴跌的個股在暴跌之前，都會出現許多次的「賣出訊號」。在那裡，就要賣了。

　　明明是令大家瘋狂的高成長期待股，「股價卻咚咚咚地不停往下跌很奇怪」，當你這麼想的時候，就一定要賣了。

　　衷心期盼各位能夠運用本書學到的交易技術，靠成長

股越賺越多。

最後，也借此機會感謝在我寫這本書的期間，給我各種珍貴意見的日本Diamond出版社編輯部的齊藤俊太朗先生。

窪田真之

我的交易筆記

我的交易筆記

我的交易筆記

我的交易筆記

我的交易筆記

我的交易筆記

我的交易筆記

Star 星出版 財經商管 Biz 021

我看股票線圖獲利：
2,000億日圓基金經理人選股心法

2000億円超を運用した伝説の
ファンドマネジャーの 株トレ
世界一楽しい「一問一答」株の教科書

作者 —— 窪田真之
譯者 —— 張婷婷

總編輯 —— 邱慧菁
特約編輯 —— 吳依亭
校對 —— 李蓓蓓
封面完稿 —— 李岱玲
內頁排版 —— 立全電腦印前排版有限公司

出版 —— 星出版／遠足文化事業股份有限公司
發行 —— 遠足文化事業股份有限公司（讀書共和國出版集團）
　　　　231 新北市新店區民權路 108 之 4 號 8 樓
　　　　電話：886-2-2218-1417
　　　　傳真：886-2-8667-1065
　　　　email: service@bookrep.com.tw
　　　　郵撥帳號：19504465 遠足文化事業股份有限公司
　　　　客服專線 0800221029
法律顧問 —— 華洋法律事務所 蘇文生律師
製版廠 —— 中原造像股份有限公司
印刷廠 —— 中原造像股份有限公司
裝訂廠 —— 中原造像股份有限公司
登記證 —— 局版台業字第 2517 號

出版日期 —— 2024 年 07 月 09 日第一版第四次印行
定價 —— 新台幣 420 元
書號 —— 2BBZ0021
ISBN —— 978-626-96721-5-8

星出版讀者服務信箱 —— starpublishing@bookrep.com.tw
讀書共和國網路書店 —— www.bookrep.com.tw
讀書共和國客服信箱 —— service@bookrep.com.tw
歡迎團體訂購，另有優惠，請洽業務部：886-2-22181417 ext. 1132 或 1520

本書如有缺頁、破損、裝訂錯誤，請寄回更換。
本書僅代表作者言論，不代表星出版／讀書共和國出版集團立場與意見，文責由作者自行承擔。

國家圖書館出版品預行編目（CIP）資料

我看股票線圖獲利：2,000 億日圓基金經理人選股心法／窪田
真之 著；張婷婷 譯 .
第一版 . – 新北市：星出版，遠足文化事業股份有限公司，
2023.06
224 面；15x21 公分 . --（財經商管；Biz 021）.
譯自：2000 億円超を運用した伝説のファンドマネジャーの
株トレ 世界一楽しい「一問一答」株の教科書
ISBN 978-626-96721-5-8（平裝）

1.CST: 股票投資 2.CST: 投資技術 3.CST: 投資分析

563.53　　　　　　　　　　　　　　　　112003064

新觀點
新思維
新眼界